国民総株主

国民みんなが
株主になったら、
この世界は
きっと変わる

株式会社カブ&ピース代表取締役社長
前澤友作

幻冬舎

国民総株主

序章

お金配りは、もうしません

お金配りを始めたきっかけ

お金を配るなんて不思議に思われるかもしれませんが、僕は数年間で約49億円を見ず知らずの人たちに配りました。

初めてお金配りをしたのは、2019年の1月。当時、僕はZOZOの社長でした。

1月1日から始まるZOZOTOWNの新春セールをいかに盛り上げるか。ZOZOとして新春セールにかけられる広告予算には限度がある中、社長である僕が個人の資金でPRする分には予算は自由だろうと。会社ともいろいろ話した結果、個人的に「お年玉キャンペーン」をツイッター（現・X）上で実施し、ZOZOの新春セールのPRも同時にすることにしたんです。

これが、最初の「お金配り」でした。

最初のお金配りでは、100万円を100人に配りました。

個人資産1億円を使って「100万円が100人に当たるから、みなさんZOZOの新春セール、見に行ってみてね!」と、軽いノリでした。

でも、いざやってみたら、ものすごくバズった。

記録としてはリツイートが500万件を超えました。後々ギネス世界記録の公式認定証を頂くことになるのですが、当時のリツイート記録を大幅に更新して、大キャンペーンに発展していったんです。

「みんな、こんなにお金に困っていたんだ」

盛り上がったこと自体はそれはそれでよかったのですが、お金配りをやった結果、いろいろなことに気づかされました。

まず一番に思ったのは「とにかくみなさんお金に困っている」ということ。本当に困っている人がたくさんいて、喉から手が出るほどその100万円を欲している。生活苦でどうしようもなくて、すがるような気持ちでこのキャンペーンに応募している。

それまでやっていたツイッターでの発信や、それに反応する人とのコミュニケーションでは感じられなかったそうした声に、お金配りをしたことをきっかけにどんどんと気持ちが動かされている自分がいました。

そんな声に接するたびに、「お金配り」に対する考え方がだんだんと変わっていきます。単なる「ＺＯＺＯを盛り上げるためのキャンペーン」から、「このお金配りを通して、苦しい思いをしている人たちを救えないか」みたいな意義あるものに。

その後もいろいろなお金配りキャンペーンをしました。

たとえば「シングルマザーや、シングルファザーの方を対象にしたもの」だったり、「夢ややりたいことがある方を応援するもの」だったり。

結果として、トータルで総額約49億円の私財を約２８０万人に配りました。

お金を配れば配るほど、虚無感に駆られた

でも、やってもやっても、ぜんぜん足りないんです。

逆に、やればやるほど、変に期待させてしまったり、苦しい思いをしている人たちの声が自分のもとに寄せられたりして、自分自身もだんだん苦しくなっていきました。

「こんなに困っている人がまだまだたくさんいる。誰かの役に立っているつもりでいたけど、まだまだ自分の力なんて小さい。つらい思いをしている人たち全員の声には、とてもじゃないけど応えることができない」

「むしろこの行為自体が自己肯定のため、自分の欲を満たすためみたいになってはいないか」

そんな虚無感のような、自己嫌悪のようなものに陥ってしまいました。

最後のお金配りは宇宙からとなりました。

そのときはあんまり深く考えずに、応募してくれた人全員に５００円を贈ろうと。もらった人も、宇宙からってことできっと思い出にもなるし、喜んでくれるだろうって。

「次はお金じゃなくて株を配ろう」

地球に戻ってから、次の自分の人生について考えていました。

お金配りで聞こえてきた困窮の声、宇宙から見た儚《はかな》く美しい地球。

この先自分にできることは何だろうと。

実は、「株を配ろう」というアイデアは、今から17年前くらいに考えていたものです。

ZOZOの社長だったときに、すべてのお客さまに株を配りたいとの思いから至ったアイデアです。

これを実現させられないか。事業を通して株を配る方法はないか。

僕は第二の人生のテーマを決めました。

お金に困る人を1人でも少なくしたい。お金配りなんていうその場限りの方法ではなく、もっと根本から持続的に誰かを救って、誰かの役に立つことがしたい。

この世の中は資本主義だ。資本を持っている人に有利にできている。それなのに残念ながら日本人で株を持っている人は3割にも満たない。ここから変えていかないと根本的な部分の解決にはならない。


「そうだ、株だ」

「株をすべての人に持ってもらうところから始めればいいんだ」

「国民総株主だ！」


準備がようやく整いました。

なんやかんやで宇宙から戻って約3年。

遂に動くときがきました。


「カブアンド」

これから僕が配るのは「株」です。
株をみんなに持ってもらって「国民総株主」を目指します。
なぜ、株なのか？　国民総株主とはどういうことなのか？
この本では、そのすべてを明かしたいと思います。

株式会社カブ&ピースの株式のご検討にあたりましては、必ず同社の「目論見書」をご覧くださいますようお願い申し上げます。

株式会社カブ&ピースの株式及び同社に関する詳細な情報は同社の目論見書に記載されています。お申込みを検討の際は、同社が作成する目論見書を同社のウェブサイトよりダウンロードし、必ずご覧ください。

本書は、金融商品取引法に基づいた目論見書ではなく、株式会社カブ&ピースの株式への投資判断にあたって必要なすべての情報が含まれているわけではありません。投資のご検討にあたっては、必ず株式会社カブ&ピースが作成する目論見書をご覧いただいたうえで、投資家様ご自身の判断で行うようにお願いいたします。

目次

国民総株主

2章 株主を増やす作戦を考えました 49

3章 お金配りの功罪

1章

目指せ！国民総株主

「国民総株主」って何？

僕が目指す世界は、本書のタイトルにもなっているように「国民総株主」です。

「国民総株主」とは何でしょうか？

簡単に言えば「日本人、すべての人がなんらかの会社の株式を所有している状態」です。

大前提として、この社会は「資本主義」で動いています。読んで字のごとく「資本」を中心に回っている社会です。

労働する人、消費をする人、資本を持つ人、それぞれが資本主義の中では大切なプレイヤーではありますが、主役は誰かと問われれば、それは資本を持つ「資本家」です。

この資本主義の社会の中で主体者として生きていくためには、「資本を持つ」ことが大変重要です。

資本の中でも特に「株」に関していえば、日本人で株式投資をしている人の割合は全体の約3割です。つまり、約7割の人が株を所有しておらず、資本主義社会に主体的に参加できていない状態だともいえます（自社アンケート調べ）。

この現状を変え、すべての人が株を持った状態＝「国民総株主」にしていくことが、当社「株式会社カブ＆ピース」（以下、カブアンド社）の目標なのです。

かつてはもっと株主がいた

日本において、株式投資家は昔から少なかったのでしょうか？

実は昔は個人株主がもっといたようです。

Q:あなたは株式(NISA含む)の証券口座を保有し、利用していますか?
あてはまるものをお答えください。回答者数:20,000人

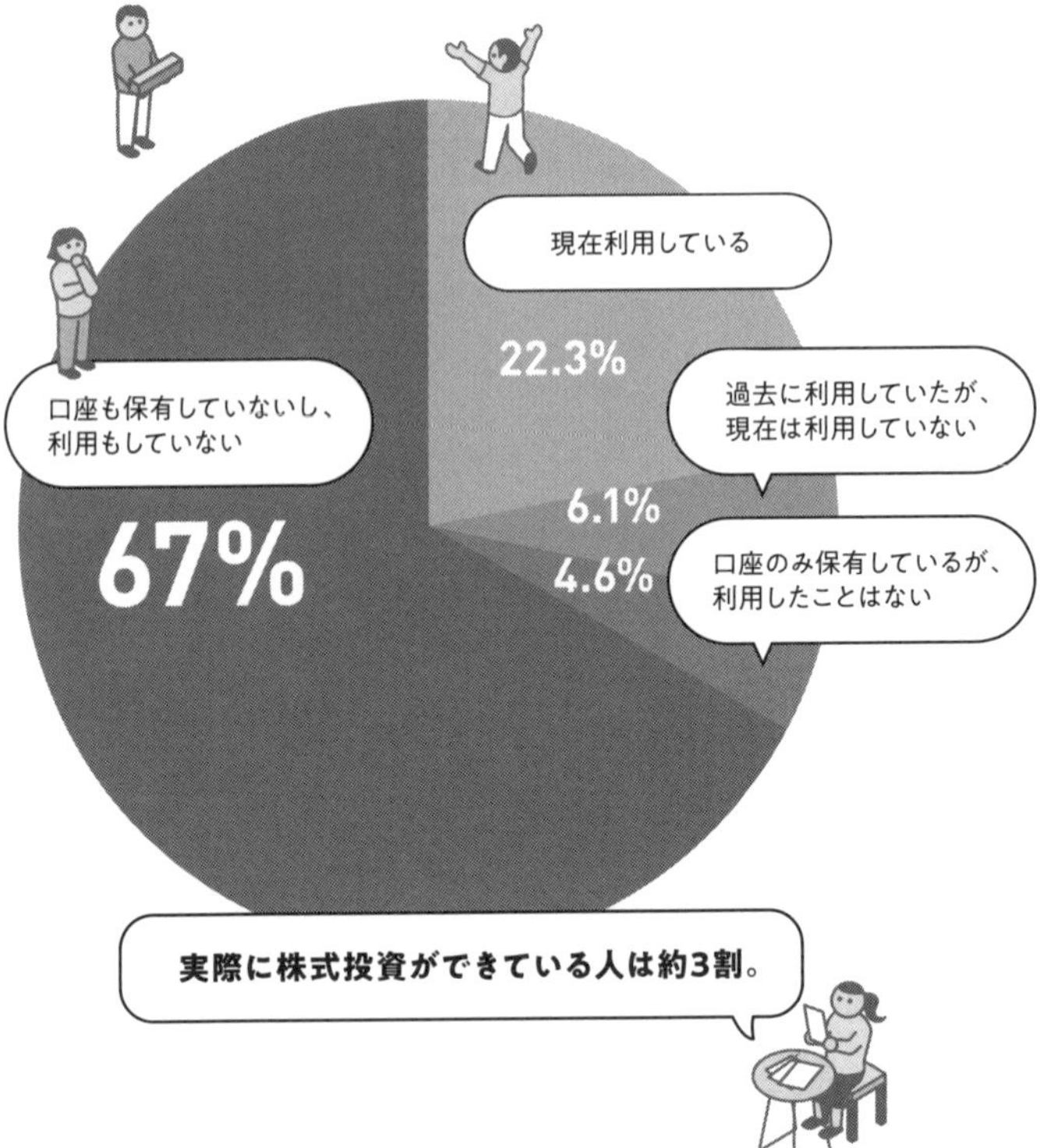

次ページの図を見てもわかるように、1949年当時、株の所有者は「個人」が70％近くと圧倒的だったようです。

当時はもちろんネットで売買するような時代ではありませんでした。「株券」というモノがあって、証券会社の担当者がつき、窓口を通して株を買っていました。

当時の株主は「長期保有」のスタンスで、自分が本当に応援したい会社の株を何年にもわたって持ちながら、その会社が生み出す利益の一部を配当として受け取っていたそうです。まさに僕が思う理想的な株主です。

「国民総株主」の世界を目指す中で、そうした理想的な株主が増えていくことも大変重要だと思っています。

所有者別持株比率の推移と株式持ち合い

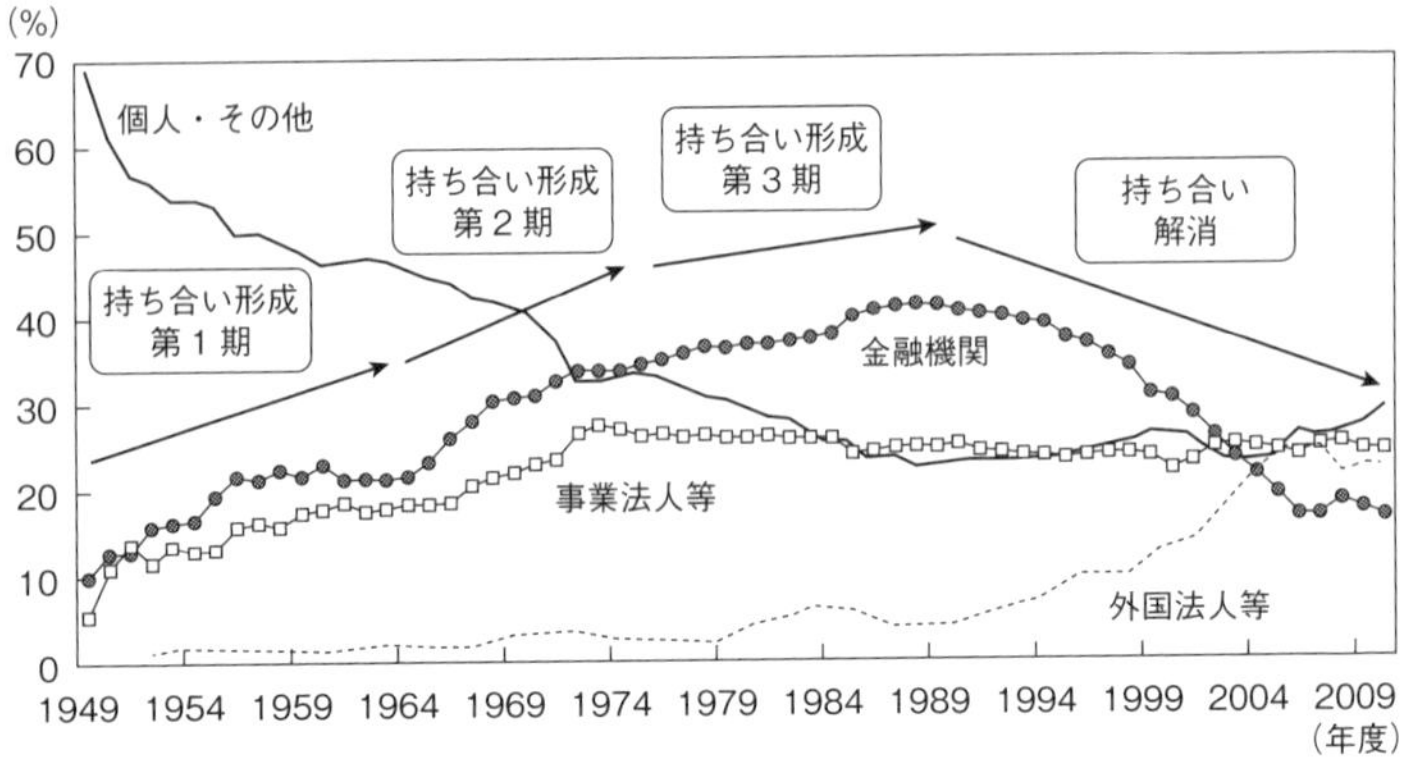

（注）1985 年度以降は単位数ベース、2001 年度からは単元数ベース。
金融機関は投資信託、年金信託を除く（1978 年度以前は、年金信託を含む）。
2004 年度、2005 年度はライブドアを除いている。
2006 年度以降は、ジャスダック上場会社分を含む。
（出所）全国 5 証券取引所「株式分布状況調査」より大和総研作成

投資家が増えれば、株価も上がる？

ちなみに外国では、株式投資家の現状はどうなっているのでしょうか？

たとえばアメリカでは、株式投資家比率は国民の約60％です。半分以上の人が株式投資をやっている。

香港やシンガポールも6割弱です。

ここで、そうした国々と日本の株価を比較してみます。

特に「日経平均株価（日本を代表する上場企業225社の平均株価）」や「S＆P500（アメリカの日経平均のような指数）」などインデックス指数のPER（株価収益率：株価が1株あたりの純利益の何倍になるか）を比較してみると、株式投資家比率の高い国ほどPERが軒並み高いことがわかります。

株式投資家比率とＰＥＲには一定の相関性が見られます。ＰＥＲは投資家の企業に対する「期待値」でもあるので、投資家比率が高い国は、マーケットが盛り上がっており、景気も上向きで国全体のムードがポジティブであることも関係しているかもしれません。

今、日経平均株価は４万円前後を行ったり来たりしていて、ＰＥＲは15〜16倍ほど。

一方で株式投資家が60％近くいるアメリカの「Ｓ＆Ｐ５００」のＰＥＲは25〜26倍ほど。

たとえば、日本の株式投資家比率が現状の３割から、５割、７割、８割と上がっていくと、日経平均のＰＥＲももしかしたら上がっていくかもしれない。仮に日経平均のＰＥＲが、20倍とか25倍とかになれば、日経平均株価が５万円、６万円を超えることもあり得る話なのです。

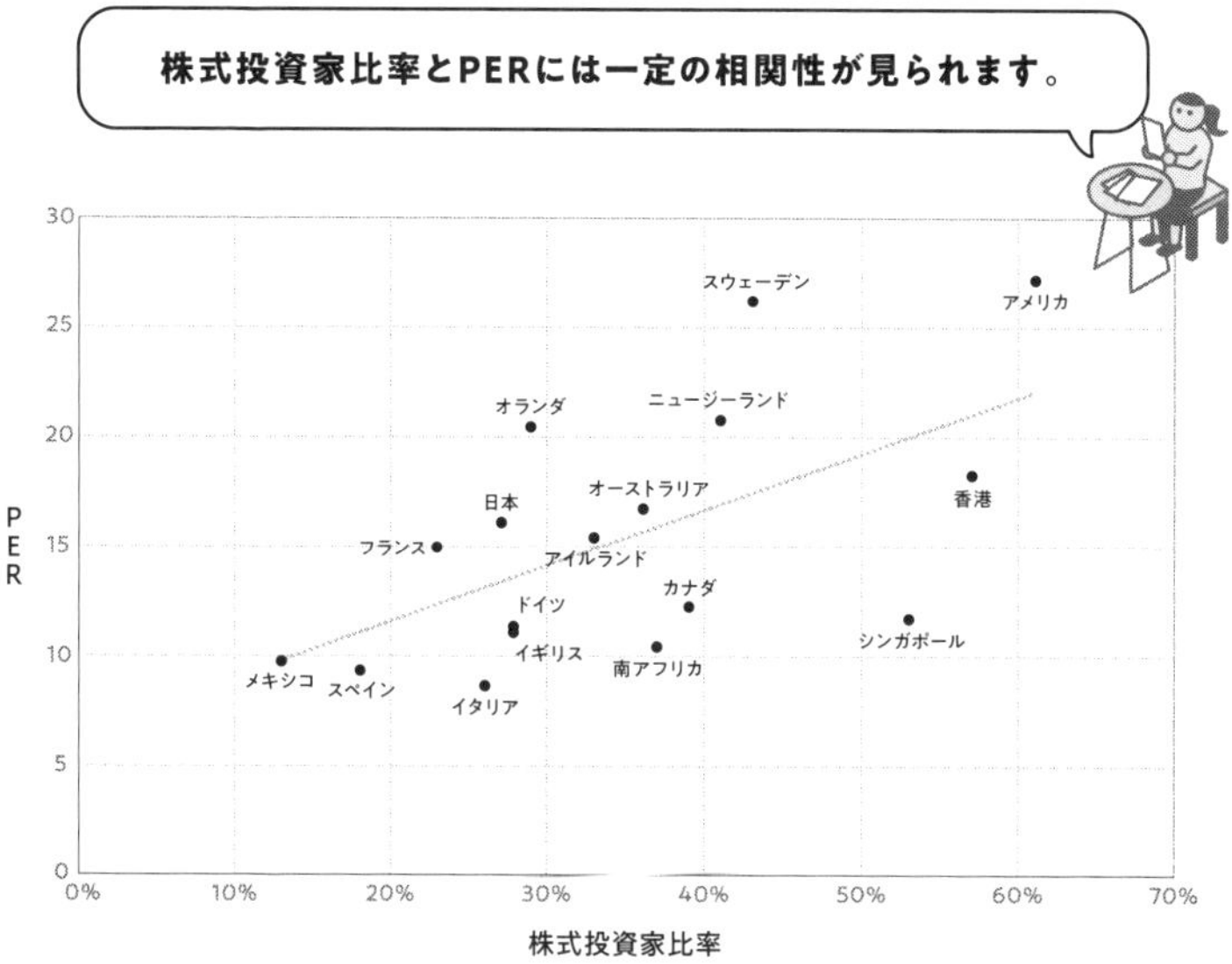

（以下のデータを参考に作成）
・『ResearchGate』https://www.researchgate.net/
・『my INDEX』https://myindex.jp/global_per.php
・『日本経済新聞』https://www.nikkei.com/markets/kabu/japanidx/
・『World PE Ratio』https://worldperatio.com/index/sp-500/
・『株の学校ドットコム』https://www.kabunogakkou.com/media/voice_20240/
・『GALLUP』https://news.gallup.com/poll/266807/percentage-americans-own-stock.aspx

株式マーケットの盛り上がりに大切なことは「流動性」です。どれだけの株が日々売買されているか。どれだけ多くの株式投資家がマーケットに参加しているか。

資本市場における株式投資家の数と株式マーケットの盛り上がりには一定の関連性があるのではないでしょうか。

松下幸之助が60年前に言っていたこと

実は「国民総株主」と同じようなことを約60年前に提唱していた人物がいます。現在のパナソニックを創業した松下幸之助さんです。

僕は数年前に「国民総株主」が自分の中のテーマになって以来、ことあるごとにそうした情報をネットで調べていました。「国民総株主」というワードを初めて

Googleで検索したときに、びっくりする結果が返ってきました。なんと、「一億総株主」という言葉で、約60年前に松下幸之助さんが同じようなことを言っていたのです。

松下幸之助さんは「日本国民たるもの、なんらかの会社の株を持ち、経済社会に主体的に参画して、一緒になって日本経済を盛り上げる一員になるべきだ」というようなことを言っています。

少し引用します。

新しい日本の繁栄、平和、幸福、そして国家国民の真の安定のためには、やはりなるべく多くの国民が株をもった形態において、国家産業の興隆に寄与するということを、力強く推し進めていくことが肝要だと思うのである。

そうすれば、株主に投資した株式から受ける利益だけでなく、投資することによって産業が興隆し社会が繁栄するところから起こる、いわゆる社会共同の繁栄による利益なり恩恵を受けることができる。つまり大衆は、株をもつことによって二重の利益を得られるわけである。

――松下幸之助「ＰＨＰ」１９６７年11月号より

松下幸之助さんの考えをパクったんじゃないかと思われるとちょっと悔しいのですが、経営の神様とも言われた方と同じことを考えていたことを知れて、とても自信になりましたし、勇気づけられました。

日本国政府も昨今「新ＮＩＳＡ」に力を入れています。「貯蓄から投資へ」というキーワードで日本人の投資家比率を上げようとしています。

日本は「ゼロ金利」の時代が長く、定期預金をしてもほとんど金利収益なんて入ってきません。

少し難しい話になりますが、株式マーケットの「配当利回り」は平均で２・５％

くらい。つまり、株を1万円分持っていたら、黙っていても、何もしなくても、毎年2・5%、つまり250円が入ってきます。100万円分持っていたら2・5万円が入ってきます。

一方、定期預金をしても預金金利は限りなく0に近いのでほとんど金利所得は望めない。

当然、貯蓄ではなく株式マーケットにお金を投じたほうが家計の金融所得は上がりますので、政府の主張もごもっともです。

かつて日本には、定期預金の金利が2%とか3%あったような時代もありました。その時代に定期預金をしていた人、預金金利でおいしい思いをしてきた人は、その過去の栄光を引きずってしまい、定期預金神話のようなものを崩せないのかもしれません。

投資家が増えれば、給料も増える？

株式投資家が増えてマーケットにお金が集まるようになると、上場企業は「資金調達」しやすくなります。

新株を発行して投資家に買ってもらうことで、自分たちでお金を集められる。すると企業はその資金を投資に回すことができるようになります。

企業の投資というのは、主に3つで、「設備投資」「人材投資」「研究開発投資」です。

商品やプロダクトを生産するための工場や機械設備等への投資が「設備投資」。社員のスキルアップや採用等に対する投資が「人材投資」。そして、新しい技術や分野に挑戦するために行う投資が「研究開発投資」。

これら3つの投資を通して企業は成長していきます。そして、売り上げや利益を拡大させ、生産性を上げていく。これらは当然国内GDPにも寄与します。

企業の業績が上がって利益が増えれば、当然みなさんの賃金、所得も増えていきます。

みんなが貯金してしまって、お金を銀行に眠らせたりタンスの奥底にしまったりしていると、マーケットも盛り上がりません。マーケットが盛り上がらないということは、長期的に見ると回り回って自分たちの賃金にも悪い影響が出てしまうということです。

どんどん株式投資してマーケットを盛り上げたほうが、最終的に自分たちの所得や自分たちの賃金にも反映されます。

株式投資をするということは、日本経済を盛り上げる一員になることであり、自分の配当所得や給与所得を上げるための活動の一環でもあるわけです。

だから投資家はどんどん増えていったほうがいいのです。

アメリカのビッグテックが強い理由

ＩＴ革命でなぜＧＡＦＡＭが世界の覇権を握ったのか。その大きな理由のひとつに「研究開発投資」があげられます。

とにかく、彼らは新しい技術や知恵に惜しみない投資をします。それがお金になるかならないかわからなくても、少しのチャンスや希望さえ見えれば費用対効果など細かい計算をせずに全力投資します。

「ＡＩを使って、私たちはいったいこの先何ができるんだろう?」「ディープテックや宇宙やロボットなど、新しい分野に参入できる余地はないか?」などと、とにかく5年後、10年後の未来に投資する。

そうした「今すぐ利益になりづらい研究開発」に投じるお金も、マーケットが盛り上がり、株価が上がり、企業が資金調達しやすくなればなるほど、集まってくるわけです。

ＧＡＦＡＭは、シリコンバレーを中心とした投資家をはじめ、アメリカ人の株式投資家比率が高いことによる、資金調達のしやすい土壌の産物ともいえるかもしれません。

マーケットが盛り上がり、株価も上がり、資金調達も盛り上がり、産業が興隆し、人々の所得も上がる。まさに「グッドスパイラル」が起きているのがアメリカのマーケットです。

一方、日本はなかなかそうはなりません。

「失われた30年」で、株価もあんまり冴えない時代が続いてきた。みんな資金調達に消極的になり、設備投資もしなければ、人にもお金をかけない。もちろん研究開発なんてする余裕もない。

そういう時代が長く続いたあまり、日本は今、諸外国に比べてイノベーションに圧倒的な遅れを生じさせてしまっています。

結果、アメリカの企業がグングンと成長し、ＩＴ分野を独占していきました。日本はその「下請け」になってしまっている。

この構図の元凶が、「マーケットが盛り上がっていないこと」「株式投資家が少ないこと」「金融教育が遅れていること」。こうした事実は認めざるを得ない現実なのではないかと考えています。

資本が一部の人に偏っている

今、世界中で所得格差が問題になっていますが、その大きな要因のひとつが「資本が一部の人に偏っている」ことだと考えています。

ご存じの通り、資本主義は「資本」を持っていれば持っているほど有利なシステムです。だから、株を持っている人のほうが有利になる。資本家ほど、お金持ちほど有利にできています。お金持ちであればあるほど、どんどんさらにお金持ちになっていく。

残念ながら、それを大勢の人が指をくわえてただただ見ているだけなのが現状です。ほとんどの人は資本を持っていない。

この「持っている人と持っていない人の差」を縮めなければいけません。では、どう縮めるか？　すでに持っている人に手放してくれというのも難しい話ですので、僕は「持っていない人がまず資本を持つところから始めればいい」と思っています。株を持っていない人が持つようになることで、所得格差を「縮める」とまでいえるかはわかりませんが、「是正する」ことにはつながるはずです。

イオンを使うなら、イオンの株を買ってみる

大企業が生み出す利益の一部は「配当」という形で、資本を持っている人、つま

りその会社の株を持っている人に分配されます。

もし、自分が応援する会社の利益の一部を受け取りたいのであれば、その会社の株を持たなければ受け取れません。


たとえば毎日イオンでお買い物をしているお客さんの、おそらく8～9割はイオンの株を持っていないだろうと思います。それはつまり、イオンが生み出す利益をまったく受け取れていないことを意味します。

せっかく毎日イオンでお買い物をして、イオンの売り上げや利益に貢献しているにもかかわらず、一銭も利益を受け取れないのです。

では、イオンの利益は誰が受け取っているのか。「株主」です。


僕がまずおすすめしたいのは「イオンでお買い物するなら、イオンの株を買ってみる」ということ。

そうすれば、イオンが毎年生み出す利益の一部を自分も配当として受け取ることができる。せっかくイオンでお買い物するなら、利益の一部である配当を受け取れるようにしましょう。

株をやれない2つの理由

「株主になりましょう!」

「どこかの会社の株を買ってください!」

そう言っても、なかなか難しいところがあります。

「なんで株、やらないの?」と聞いてみると、理由は大きく2つ。

ひとつは「知識がない」、もうひとつは「軍資金がない」ということです(自社アンケート調べ)。

たしかに知識がないのは、仕方のない面があります。

「義務教育中に株式投資について習ったことがありますか?」と聞かれたら、ない。これは政府が教育改革の一環として今すぐやらなければいけないことのひとつだと思います。

だから多くの人が「どこで株って買えるの?」となるのは当然です。

さらに、「証券口座が必要?」「NISAって何?」「信用取引って何?」「レバレッジって何?」「売りから入るって何?」。

なかなか最初の一歩が踏み出せないのもわかります。

Q:株式投資を始めたいと思っているが始められない理由は何ですか？
あてはまるものをすべてお選びください。 回答者数:5,718人

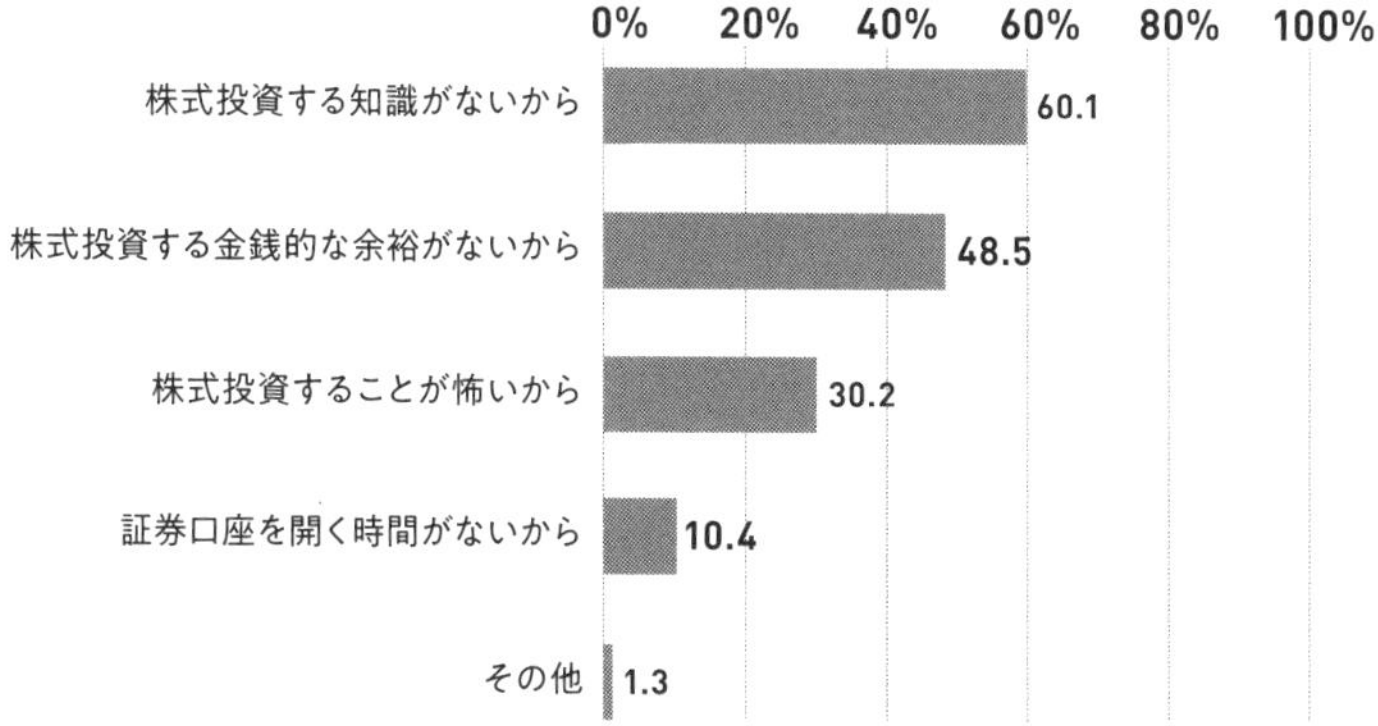

始められない理由で「知識がない」という方が6割、
「金銭的な余裕がない」という方が約5割を占めている。

また、軍資金がないこともハードルになっています。

今は昔に比べて単元未満株が買えるような環境にはなってきていますが、株というと「買うのには数十万～数百万円が最低でも必要」という固定観念が根づいてしまっています。そうなると「そんな軍資金はないよ」となるのもわかります。

「株式投資してみよう」と言っても、知識がないことと、軍資金がないことが、初めの一歩の大きなハードルになってしまっているのです。

インデックスより「個別株」を

新ＮＩＳＡが始まり「株を買おう」という人が増えているのは素晴らしいことです。

ただ、Ｓ＆Ｐ５００やオール・カントリー（全世界株式。以下、オルカン）などの海外インデックス投資が主流になっているように感じられます。もちろん否定するわけではないのですが、資金のうち少しでもいいので、僕は個別株、特に日本企業の株を買ってほしいなと思っています。

もちろん知識がないと、いきなり「個別株」に投資するのはリスクが高いと思う人も多いでしょう。それはその通りなのですが、それでも個別株をおすすめする理由があります。

まず、S&P500やオルカンを買っても、自分がどこに投資していて、そのお金が誰に使われているのか、あまり実感が湧きません。わかることは何%上がったか下がったかというパフォーマンスだけで、なぜそうなったのかも正直わからない場合が多いのではないでしょうか。

一方、個別株であれば、その企業のビジネスはもちろん、業績・課題・今後の戦略・社長の人柄などなど、把握できることも多く、株を持って経済に参加しているという実感を得ることができます。

特に、企業が行う公募増資に参加する場合は、みなさんがそこで株を買った資金が企業に直接入るわけで、まさにその企業の未来へ投資していることにつながります。

資本主義に主体的に参加して経済の一端を担っている感覚は、個別株のほうが圧倒的に感じやすいです。また、個別株であれば、ビジネスのことや経営のことなどを学ぶことができ、ビジネスパーソンとして必要な知識も同時に身につきます。

先ほど、マーケットが盛り上がって企業が資金調達しやすくなると、長期的に見たら日本のGDPや自分たちの賃金にも反映されるという話をしました。日本を愛するみなさんであれば、できれば日本の国内企業の株を持ち、日本経済を盛り上げていく一メンバーとして、日本の企業を応援していただいたほうが「オールジャパン」として盛り上がるひとつのきっかけになると思うんです。

お年玉が株になる？

日本人の投資家比率が低い理由に、マインドの問題があげられます。

子どもの頃、親からお年玉をもらうときに「そのまますぐ貯金したほうがいいぞ！」と言われてきた人は多いはず。それでは投資家マインドは育ちません。

僕は今後、お年玉は「株」にしたらどうかと思っているんです。

たとえば子どもたちに、ミニカーの製造販売で有名な「タカラトミーの株」をお年玉としてあげてみる。

「株っていうのはこういうものなんだよ」とか「いつものミニカーはタカラトミー

っていう会社が作ってるんだよ」とか、現金を渡して貯金しなさいという今までのお年玉に比べて、圧倒的に子どもに教えられることが増えるはずです。

「お友だちは現金でもらってるけど、僕は株がいいや」
「ポケモンの会社の株はどうやったら手に入るの？」

そんな子どもたちが増えるように、大人たちも頑張らないといけませんね。「国民総株主」になると、金融知識を持った子どもたちの中から起業を目指すような子もたくさん出てくるかもしれません。楽しみです。

◇

この章では「国民総株主」や「株式投資」をテーマに、日本の現状と課題を見てきました。

日本国政府は投資家を増やすべく、新ＮＩＳＡなどの施策を打って、それなりに効果は出てきています。しかし、それでもまだまだ「国民総株主」には程遠いのが現状です。

一般の人にとって、投資家になるためには大きなハードルがあり、それは「知識がない」ことと「軍資金がない」こと。

これらをいかに乗り越え、１人でも多くの株式投資家が生まれ、「国民総株主」に近づいていくのか。

次の章では、僕なりの答えをご紹介したいと思います。

2章

株主を増やす作戦を考えました

株、あげちゃいます

株主を増やす作戦を考えました。
それが「カブアンド」です。

まず、めちゃくちゃシンプルにいうと、「カブアンドは株がもらえるサービス」です。「カブアンドが提供するサービスを使ってくださるお客さまに、サービスのご利用に応じて、カブアンド社の株をあげちゃいます」というものです。

現時点でカブアンドが提供するサービスは6つあります。
電気、ガス、モバイル通信（MVNO）、インターネット回線、ウォーターサーバー、ふるさと納税。[*1]

*1　ふるさと納税の寄付に伴いポイント等の付与を行う者を通じた募集が令和7年10月1日以降禁止されることとなるため、ふるさと納税に伴う株引換券の付与のサービスも同日以降は行いません。参照：総務省「ふるさと納税の指定基準の見直し等」（令和6年6月28日）（https://www.soumu.go.jp/menu_news/s-news/01zeimu04_02000126.html）

もちろん全部使っていただいても、これらのサービスのいずれかでも構いません。
とにかくサービスを使ってくださるお客さまに、利用額に応じて「株」をお渡しします。

これまではポイントを配ったり、ポイントで還元したりするのが一般的でしたが、私どもはポイントではなく株を配ります。

これら6つのサービスは、多くの国民に関係するサービスです。
すべての国民に関係すると言っても過言ではない、生活インフラに根差したサービスです。

そして、これらの契約先を当社に切り替えるだけで株がもらえるのがカブアンドです。新しい出費や軍資金なしに、今の契約を切り替えるだけで株式投資を簡単に始めることができる。

ここがカブアンドの発明です。
これら生活インフラのサービスを提供する理由は、その先に「国民総株主」というビジョンがあるからです。

誰もが必要とするインフラサービスを提供することで、まずは多くの国民にこのサービスを使っていただく。そして株をお渡しする。そして株主になっていただく。すべてが「国民総株主」にするためのアイデアなのです。

「お客さんであり、株主」という人が増えるとどうなるか?

カブアンド社は株主を増やすために、6つのサービスを提供しながら利用者に株をお渡ししていきますが「株を渡して終わり」ではありません。

まず、利用者に「株主」になってもらいます。

株主側から見ると、自分の所有している株の価値が上がれば上がるほどうれしいはずです。つまり株主の目線から見ると、カブアンド社がどんどん伸びてくれたほうがありがたい。

株主としては「カブアンドにもっと頑張ってほしい」「カブアンドの売り上げに貢献するお手伝いだったらやりたい。そうしたら株の価値上がるじゃん！」という心理が働きます。「さあ、どんなお手伝いができるだろう?」となるわけです。

たとえば「今は電気しか契約してないけど、ガスも契約してあげようかな。そのほうが売り上げ伸びるじゃん。よし、ガスも契約しよう」と。

もしくは「もう俺、全部契約したからこれ以上手伝えることないかもしれない。いや、ちょっと待てよ。俺の友だちでまだカブアンドを知らない人いたわ。カブアンドのこと話してみよう」と。

つまり、「お客さんでありながら株主である」という立場の人が増えることで、カブアンド社にとってはお客さまが味方となりファンとなります。それは会社の業績や評判にとっても大変ありがたいことです。

株主にとっても、カブアンド社が成長すればするほど、株の価値が上がり自分も得をするかもしれない。会社と株主が「相互利益をお互いに願い合う」という素晴らしい状況が生まれるわけです。

僕がやりたいのは、単純に株を配りまくって株主をいっぱい増やして「はい終わり」ということではありません。

「会社を応援してもらえるファン」を増やしていく。「相互利益を願い合いながら共に成長していきましょう」という、会社と株主の新しい関係性の提案でもあるのです。

これはカブアンド社が今後手掛ける新規事業にとってもかなりの優位性となります。なにせ、そこには会社の成長を待ち望みながらいつでも応援してくれるお客さま兼株主のみなさんがいてくれるわけですから、非常に心強い。

「みんなで新しい事業を育てて、会社を成長させて、さらに株価を上げていこう！」みたいなことができるのです。

配るのは「未公開株」

今のところ、カブアンド社は未上場企業です。

２０２４年の2月に設立したばかりで、まだ1年も経っていません。

そんな設立間もない会社なのですが、この先、業績を伸ばし、株の価値をさらに上げ、株主価値を最大化させるため、なるべく早いタイミングで上場させることを目指します。

上場するまでは、カブアンドが利用者にお渡しする株は未公開株です。そして、その株が売れるようになるのはカブアンド社が上場した後です。

「株を売りたい方には売っていただける」環境を作るためにも、上場は必須です。

上場時期について聞かれることもありますが、具体的に明言はできません。

ただ、これまでの他社事例として、設立後2年から3年で上場しているケースもあるようです。

我々が実施したアンケート（2万人を対象にした独自調査）によると、未公開株をこれまでに所有した経験のある人は約3％でした。つまり、97％の人に初めての体験（未公開株を所有するという）を提供できることになるわけで、それもカブアンドの魅力のひとつになっています。

今まではごくごく一部の人しか体験することができなかった「自分が未公開株を持っている企業が上場する」というサプライズを、多くのみなさんと共有できるようにしたいと思っています。

上場ゴールになるのでは？

上場した瞬間（ＩＰＯ［新規公開株式］時）の株価が最高値で、それ以降株価がダダ下がりになってしまうようなことを「上場ゴール」と一般的には呼びます。

カブアンド社もこの「上場ゴール」になってしまうのではと揶揄《やゆ》されることがありますが、今回みなさんにお渡しする株の性質からしても、企業の成り立ちやビジョンからしても、そうならないメカニズムが働くのではないかと考えています。

まず、ＩＰＯ時の株主は、僕をはじめとしたカブアンド社の役職員と、利用者等のみなさましかいない状態です。ＶＣ（ベンチャーキャピタル）などの一定期間内に株を売却しなければならないような投資家はいません。

また、今回株主になってくださる人たちはサービス利用等を通して株を受け取っています。軍資金を用意して、リターンを求める投資を行ったわけではなく、いつまでにどのくらいの利回りで投資回収するぞ、というように考える人はほとんどいないはずです。

さらには、サービスを利用しながら、上場後の配当や株主優待を期待して、株を所有し続ける人も相当数いるはずです。
株をもらった人が売るために殺到し、それが株価の下げ圧力になり「上場ゴール」になるという考え方は、売り急ぐ必要性のないカブアンド社の株の性質からもあまり心配しなくてもいいのではないかと考えています。もちろん、上場後の会社としての成長性やストーリーに面白みがあり期待できるものであることが前提ではありますが。

また、会社のビジョンを、『国民総株主』を目指し、誰もがどこかしらの会社の株を持って、資本主義経済に主体的に参加し、生まれる利益の一部を配当で受け取れる社会を目指そう」と掲げてもいますので、私どもカブアンド社としても、早期に配当政策を検討することになるかと思います。

ＩＰＯ時の株主が、基本的にはそのままサービスの利用を続ける利用者であり、投資回収を急ぎ株の現金化を目指す株主ではないこと、また配当にも期待できることなどから、必ずしも「上場ゴール」になるとは断定できないのではないかと考えています。

証券口座はいりません

カブアンドの株を受け取るのに証券口座はいりません。[*2]

カブアンドでサービスを利用していただいたら、株が貯まっていきます。[*3] 貯まった株は放っておいてもらって大丈夫。カブアンドのウェブサイト内の「マイページ」に勝手に貯まっていくようなイメージです。

株を受け取るためにやっていただく必要があるのは「本人確認手続き」と「自己募集への申込み」だけです。

サービスを利用すると「株引換券」という電子チケットのようなものがもらえるのですが、その引換券を「株」に交換するときに、本人確認が必要になります。こ

*2　上場する際には、証券口座の開設が必要です。
*3　株を受け取るためには、サービスの利用と株式の交換申込が必要になります。

こで反社チェックなども同時に行います。

これらの手続きの後に、晴れて実際の株がみなさんのところに付与される、という仕組みになっています。

それでも「ポイント」を選びますか？

「いやいや、私は株より今すぐ使えるポイントのほうがいいよ」とか「1ポイント＝1円で確実に使えるほうがいい」と考える人もいるかもしれません。

「未公開株なんてもらったって、上場しなきゃどうにもならないんでしょ？」「下手したら価値なくなっちゃうんじゃないの？」と。

そんなご懸念にお答えします。

まず、ポイントは「1ポイント＝1円」と決まったら、1円でしかありません。

絶対に5円にはならないし、100円にもなりません。なんなら、有効期限があったりしますので、気づいたら期限切れでゼロになっていたみたいなこともよくあります。

一方、株は有価証券であり、れっきとした資産です。そして、その価値が上がる可能性があります（もちろん、逆に下がる可能性もあります）。

そこが株の面白いところなんです。

ちなみにカブアンド社は、ポイント割引も選べるようにしています。

「サービスのご利用ありがとうございました。さっそくあなたに株をお渡ししたいと思っているのですがよろしいですか？　株じゃなくてポイント割引がよろしければそちらも選べますが、いかがですか？」と。

そこは最終的にお客さまに選んでいただけるようになっています。

ドラマチックな体験を数百万人で

先ほどお話ししたように、3%の人しか未公開株の所有を体験したことがありませんので、97%の人は未経験者です。

知らない世界のことなので「なんだか怖い」「怪しい」と思ってしまうのもわかりますが、ご安心ください。

カブアンドの場合「高額な軍資金を用意して株を買ってくれ」と言っているわけではありません。電気やガスの契約をカブアンドに「切り替える」だけで、今まで触れたことのなかった未公開株に触れる体験ができるわけです。

「よくわからないから」と敬遠するのではなく、カブアンド社と共に学びながら、未公開株の魅力を体験してほしいです。そして、願わくば上場まで持っていき「みんなで一緒に儲かったね！」という体験ができるようにしたいと思っています。*4

これまで、未公開株を持つためには「自分で起業する」か「どこかのスタートアップなどに出資する」くらいしか手段がありませんでした。だから、ほとんどのみなさんには縁のない世界だったと思います。

カブアンド社が上場することになった場合、これはすごくドラマチックな体験になるはずです。創業者のような特別な人しかできなかった体験が数百万人規模でできるんです。

大きな会場を借りて、みんなで集まって上場記念パーティーをやるのも楽しそうです。その後、定期的に開催する株主総会も面白いイベントになると思います。

もしかしたら、日本でいちばん株主数の多い会社として東京証券取引所に上場していくことになるかもしれません。きっとものすごく盛り上がるはずです。

*4　カブアンド社が種類株式について上場申請を行うこととした場合、カブアンド社はカブアンド種類株式を普通株式に転換することができます。カブアンド種類株式が普通株式に転換されて普通株式が上場した場合、カブアンド種類株式を取得した者は、上場株券である当社普通株式を保有することとなります。

それをみなさんと共有できる日を楽しみにしています。

株主が多いと、株価も上がりやすい

上場するからには、大きな規模での上場を目指します。

「時価総額いくら」と具体的なことはもちろん言えないのですが、カブアンド社が上場できる規模に育っている頃には、利用者が数百万人規模になっていることを期待しています。

利用者＝株主でもあるわけですから、株主が数百万人いる状態で上場を目指すことになります。

ちなみに、現在もっとも株主の多い日本の会社はどこだかわかるでしょうか？

正解はＮＴＴです。

現在、２４４万人くらいいます。[*5] 国が株式の一部を売ったり、株式を25分割した

＊5　日本電信電話株式会社HPより（2024年9月30日現在）

りして、個人の株主を一気に増やしたのです。

仮にカブアンド社がＮＴＴさんの２４４万人以上の株主数で上場すると、「日本でいちばん株主数の多い企業」になります。

上場企業にとって株主数が多いことの最大のメリットは「流動性が高くなる」ということです。

流動性が高くなれば、株価も上がりやすくなります。流動性が高い株というのは「いつでも買えて、いつでも売れる」株です。

流動性が低い株というのは、なかなか買えないし、なかなか売れない。そういう株は嫌われます。「すぐ売れる」とわかっているから、リスクを取って買える。そういう株に需要が集まることで、株価が上がりやすくなるのです。

一方、株主が多いことのデメリットは、株主管理コストが増えることです。株主総会を開いたり、総会の招集通知を送付したり、株主が増えれば増えるほどコスト負担が大きくなります。このデメリットをどうメリットで相殺するかという話になります。

「カブアンド」を実現するスキーム

カブアンドの株を配るという仕組みは、プロが見れば見るほど「どうやってやってるの?」という話になります。

そこで「カブアンド」の裏側の仕組みを公開します。

まず「カブアンドのサービスを利用すると株あげちゃうよ」という僕の発言は、金融商品取引法（金商法）上は「勧誘行為」にあたります。厳しい規制の中での発言です。

ですので、僕が「株あげちゃうよ」と言える裏には、きちんとした法的な枠組みがあります。

現在（２０２４年12月３日時点）は「自己募集」といって、「株式を新しく発行することになりましたので、欲しい人はよかったらどうぞ」という「募集期間」にあたります。

この「自己募集」は、関東財務局というところに有価証券届出書というものを提出し、受理してもらうことで実施することができます。それまでは募集行為、つまり勧誘行為ができません。そして、この募集期間が終わると「株あげるよ」が言えなくなります。

自己募集は、期間を定める必要があります。

この本が出版される頃にやっている募集は「第１期募集」です。２０２４年10月31日から２０２５年６月20日までが第１期募集期間です。

「6月20日で募集が終わっちゃったら、その後のカブアンドどうなるの？」と思った人もいるかもしれません。当然「株あげるよ」は続けていくつもりですので、有価証券届出書を提出し続けて「自己募集」を繰り返していくことになります。これは上場まで続けていくつもりです。

「金商法違反じゃないの？」とか「未公開株で怪しい！」とよく言われるのですが、我々はしごくまっとうな手順で、きちんと届け出もし、各当局にいろいろ相談をしながらこのプロジェクトを進めています。

どうか安心してカブアンドをご利用いただければと思います。

サービス開始から20日間で会員数100万人突破！

この本が出る頃には少し古いデータになってしまうかもしれませんが、11月20日のサービス開始から20日間（2024年12月9日時点）で、すでにカブアンドの会員登録数が100万人を突破しました。

また、サービス申し込み件数も35万件を突破しており、大変順調なスタートを切っております。

今後もこうしたデータは不定期ではありますが、動きがあり次第開示していきますので、ご興味のある方は当社ウェブサイト上の目論見書をご覧ください。

第三者による勧誘行為は注意が必要

ひとつだけ注意事項があります。

カブアンド社、つまり株の発行体自身が自己募集の期間内に「株買ってね!」と言うのはOKなのですが、「発行体以外」の人、つまり第三者が勧誘した場合には規制がかかります。

これは自己募集の期間中であっても適用されます。

たとえば、インフルエンサーがXやインスタグラムで「カブアンド、絶対やったほうがいいよ！　お得だよ！」と言うのはNGです。これに対して、カブアンド社の仕組みやサービス内容を解説するようなコメント、個人的な利用感についての意見や感想、「登録した」「利用した」などの個人的な報告など、勧誘にあたらないものであればOKです。

「電気代が株になるよ」とか「モバイル契約してみた！」とか「ガス、超簡単に契約切り替えできたよ」などは問題ありません。

株のみの購入、法人契約はできません

「僕、全国でお店を100店舗やっていて、電気代がすごいので法人で申し込めま

すか?」みたいな問い合わせがありますが、これにはお応えできません。カブアンドの目標は「国民総株主」ですので、まずは個人を優先して、個人株主を増やしたいと思っているからです。

また「株だけを買いたい」というリクエストもお断りしています。株を受け取るには、サービスを利用していただくことになります。ただし、この書籍のように、何かを買ったり、アンケートに答えたりするなど、不定期に行うキャンペーンや企画で株引換券をお渡しすることはあります。

これらの方針はすべて「国民総株主」のビジョンをベースに決めています。お金さえあれば株が買える、ではダメです。結局、また資本家有利になってしまいます。個人の株主を増やすのがカブアンドのミッションですので、ご理解いただければと思います。

ユーザーが増えれば増えるほど希薄化する？

カブアンドがうまくいけばいくほど、株主が増えるので、株の希薄化が発生し、上場したときのリターンが少なくなるのではと思われるかもしれません。

でも、本当にそうでしょうか？

ユーザーが増えれば増えるほど売り上げが上がります。利益も上がります。さらには、ユーザーが増えれば増えるほど、ネットワーク効果や規模の経済が働き、コスト効率が上がったり、価格競争力がついたりします。結果、利益率の改善が期待できます。

一般的にいわれる希薄化は、新株の発行により、全体の発行済み株式数に対して

1株あたりが占める割合が下がり、1株あたりの価値が毀損して下がってしまうことをいいます。ですが、カブアンドの場合は、単純にこのケースにはあてはまらない可能性があります。

めちゃくちゃ簡単な例でその可能性をお示しします（ここに記載する例は説明のためのフィクションです。カブアンドの実際の業績や株式の価値とは関係ありませんので、ご留意ください）。

たとえば、1箱100本入りのポッキーがあります。
それを10人の株主で分け合うと、1人が受け取れるポッキーは10本です。

ここに新しい株が発行されて新しい株主が10人加わったとします。

そうすると、株主が20人になり、1人が受け取れるポッキーが5本になります。

1人あたりが受け取れるポッキーの数が減ってしまいました。これを「希薄化」といいます。

ただし、カブアンドポッキーの場合はちょっと違います。

100本入りのカブアンドポッキーがあります。10人の株主で分け合うと、1人あたりのカブアンドポッキーは10本です。ここまでは普通のポッキーと一緒です。

ここに新しい株が発行されて新しい株主が10人加わります。

新しい株が発行されたということは、カブアンドの場合、利用者が増えて売り上げや利益も増えたことになります。

さらに、利用者が増えたことで、より強く大きくなったカブアンドポッキーは、1箱300本入りにグレードアップされました。

300本入りのカブアンドポッキーを、20人の株主で分け合うので、1人あたりが受け取れる本数は15本になりました。

株主が増える前は、1人あたり10本だったのが、株主が増え売り上げや利益も増え、カブアンドポッキーがグレードアップしたことで、1人あたりが受け取れる本数が15本に増えました。

これが、株が増えて、株主が増えても、希薄化せずに、1人あたりの受け取れる本数、つまり価値が上がっている状態です。

「株が増える＝利用者が増える」ことで、全体の価値（1箱に入っているポッキーの本数）が増えれば、１人あたりが受け取れる価値も増えるよ、というフィクションでした。

カブアンドは、利用者が増えれば増えるほど、株の発行数も増えますが、同時に利用者によって作り出される経済圏がより強く大きく逞《たくま》しくなることで、全体の価値が上がる可能性があります。それにより１人あたりに還元される価値も上がるという、まさに「みんなで参加して、みんなで育てて、みんなでその果実を分け合う経済圏」になっているのが大きな特徴です。

一般的な上場株での新株発行の希薄化とはまったく性質の違うものであることがこれでご理解いただけたのではないでしょうか。

ここまでで、プロの方からはこんな質問が出そうです。

「上場後の株配布はどうするの？」と。

上場後については、新株発行なのか市場調達なのか、そもそも株配布を続けるのか続けないのかを含め、様々な条件や方法について検討しなければなりません。

上場後の事業展開や成長戦略、株主配当や株主優待といった株主インセンティブなど、勘案すべき事項を総合的に判断し、株主価値の最大化をはかっていきたいと思います。

ポッキーの分配

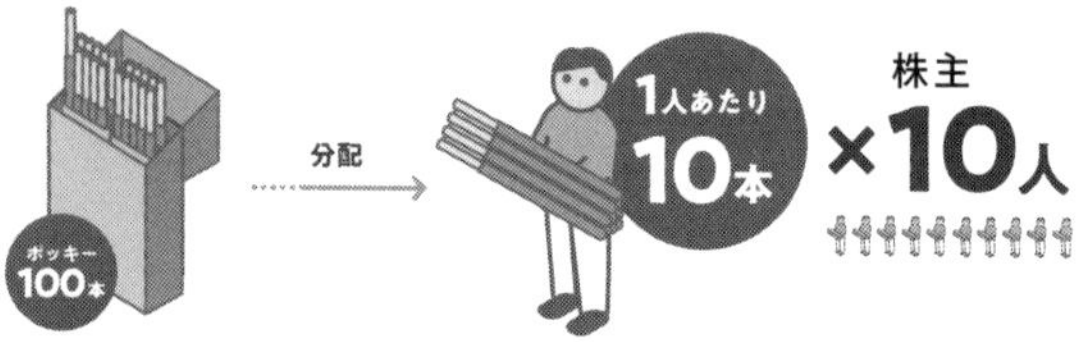

100本のポッキーを株主10人に分配すると1人10本受け取れる。

希薄化してしまう場合

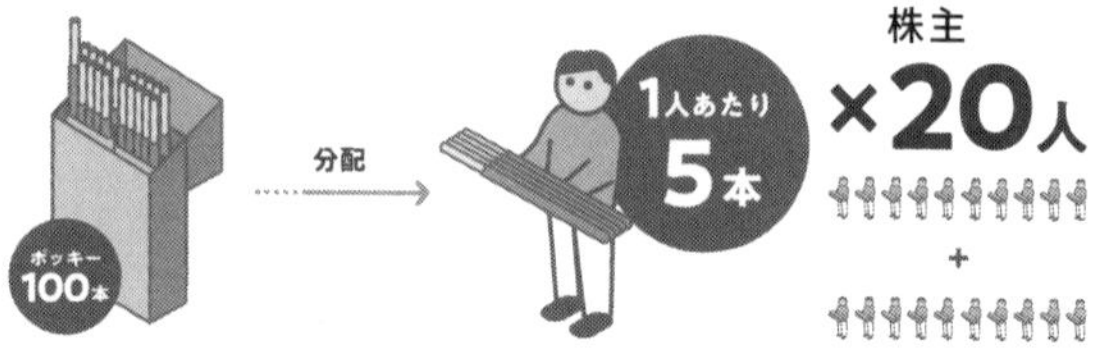

ポッキーの数が変わらないまま株主が20人に増えると、分配されるポッキーは1人5本になってしまう。

カブアンドポッキーの場合

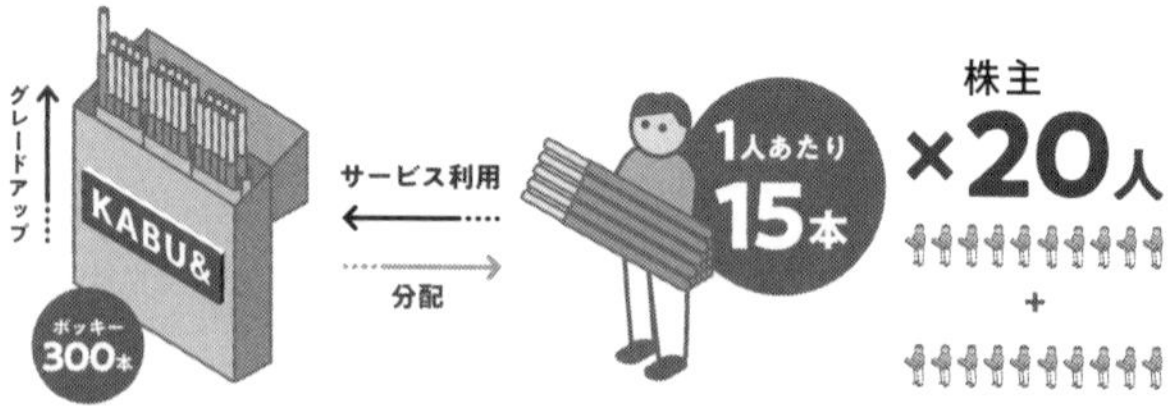

カブアンドポッキーの場合、株主(利用者)が増えてポッキーが増えたときには、希薄化されず1人あたりが受け取れる分配も多くなる。

申し込みは早いほうが有利？

まず、なるべく多くの株を取得したいのであれば、当然サービスの利用を早く始めたほうが有利になります。

また、今後カブアンド社が順調に業績を伸ばし成長していった場合、募集期間ごとに発行価格が上がっていく可能性があります。

現在は第1期募集中で、発行価格は1株5円を見込んでいますが、この価格が会社の成長によっては第2期募集以降上がっていく可能性があります。

仮にカブアンド社の事業が右肩上がりで成長し続けると仮定したら、早ければ早いほど、安い価格で株を受け取っておいた方が得ですので、申し込みは早いほうが有利である、といえます。

ただし、これはカブアンド社の業績が成長し続け、企業価値が上がり続けることを前提とした話です。実際には企業価値は様々な要因で上下しますので、事業が思ったほど成長しなかったような場合は、後続の募集期間での発行価格が下がる可能性もあり、必ずしも早いほうが有利とはいえません。目論見書にはカブアンド社の株式に投資することのリスクが書かれていますので、そちらをよく読んでいただいたうえで、申込みやそのタイミングをご自身で見極めてください。

なお、上場前に行う複数の自己募集期間内に決定する発行価格については、毎回きちんとした第三者算定機関が入り、そこで算出された参考値の範囲でカブアンド社が決定します。第三者算定機関の評価は事業計画や業績をもとに算出されますので、第1期より第2期の時点のほうが業績が成長していれば参考値も高くなる可能性が高いです。

他方で、第三者算定機関が算出した参考値の範囲で決定した発行価格よりも、カブアンド社が上場した際の普通株式の市場価格が低くなる可能性もありますので、その点も目論見書をよく読んでご理解ください。

経営者としては、時間経過と共に業績を伸ばしていけるかどうかが腕の見せ所となり、それが企業価値にも反映されます。気を引き締めて頑張ります。

参入障壁はあるのか？

カブアンドがやろうとしていることに参入障壁はあるのでしょうか？

正直、今から大企業がカブアンドと同じこと（株を配る）をするのは難しいかもしれません。

いきなり「うちも株を配ります」といって、それに理解を示す既存株主がどれほどいるでしょうか。すでに上場していて、多数の株主がいる状態で「株あげちゃう」に寛容な既存株主はなかなかいないかもしれません。

一方、カブアンド社は今のところ（２０２４年12月３日時点）僕が１００％の株主です。僕が配りたければ配れます。そうした柔軟性も含めて競合優位性につながっていると思います。

話は変わってしまいますが、僕が期待したいのは創業間もないこれからというスタートアップが、カブアンドの「株を配る」取り組みを真似してくれることです。特に、BtoC領域のスタートアップにはぜひ真似をしてほしいと思っています。

カブアンド1社だけで「国民総株主」にできるとは到底思っていません。いろんな会社が僕らの真似をして、株を配りまくって、どんどん株主を増やしてもらったほうが、国民総株主に近づきます。

カブアンドの戦法だと、創業者の持ち分は減ってエグジット時のリターンも減るように感じるかもしれませんが、それを上回る企業価値を作ればいいわけですから、小さくかしこまるのではなく、大きな志で、資本を創業期から分散して顧客獲得と顧客満足度を最大化するという、カブアンドスタイルを取り入れ果敢に挑戦してほしいなと思います。

トークンを採用しなかった理由

今回「トークン」を採用しなかったのにはいくつかの理由があります。

いちばん大きかったのは「多くの人を巻き込みたかったから」です。

トークンにも一定の魅力はあると思いますが、まだまだマスに浸透していなかったり、法規制や税制の面での安定性に欠ける。

一方、株であれば、何年も何十年も議論されてきた安定した法的根拠がある。今回のように多くの人を巻き込むには安心感はとても重要ですし、僕らも何かあったと

トークンとは?

トークンは、デジタルで発行される資産や権利を表すものです。ブロックチェーンという技術を使うことで、トークンは「唯一のもの」として認識され、誰が持っているかや過去の取引履歴が簡単に確認できます。これにより、安全で透明性の高い取引が可能になります。トークンは、金融や芸術、ゲーム、エンターテインメントなど、いろいろな分野で使われ始めており、効率的で新しい価値交換の手段として期待されています。

きの責任が持てる。

また、マーケティング活動で広告出稿をする際にも、おそらくトークンではテレビCMはもちろん、多くの媒体で出稿の考査が通らないと思います。

国民総株主を目指すビジョンからも、一部の人にしか浸透していないトークンではなく、今回はど真ん中から株を採用しました。

MZDAOでの学び

そもそも、カブアンドが始まる前に、その前身ともなったMZDAOというコミュニティがありました。

その名の通り、前澤（MZ）と共にDAO《ダオ》（分散型自律組織）的なプロジェクトをしませんか、と始まったコミュニティです。

約2年3か月にわたり、13万人ほどのコミュニティメンバーと、「DAOとはなんだ」から始まり、「どうしたら中央集権的にならないような組織で利潤を生むことができて、どうしたらその利潤をメンバーみんなで分け合えるか」といった議論をさんざんしてきたことが、今日のカブアンドにつながっています。

　初期の頃は、僕が独断で進めていくワンマンなやり方にならないよう、DAO的にメンバーの意見や顔色をうかがいながら慎重に進めてはいたのですが、13万人の意見や思いを中央集権的ではない方法で統一し、同じ方向に向かっていくことの難しさを嫌というほど痛感し、このままでは無理だという結論に至りました。

　結果、メンバーから出た意見やアイデアを僕が集約して、ある意味トップダウンで進めてしまうことにはなりましたが、今日のカブアンドがあるのはMZDAOメンバーのおかげですし、僕も経営者としてメンバーのみなさんにはだいぶ鍛えていただきました。

DAOとは?

DAO（Decentralized Autonomous Organization）は、会社のような従来の組織と異なり、特定のリーダーや中央管理者がいない新しい形の組織です。ブロックチェーン技術を使って、参加者全員が意見を出し合いながら、透明性と公平性を持って運営します。この仕組みにより、従来のように特定の人や団体が権力を持つことなく、みんなが平等に意思決定に関われるのが特徴です。

この場を借りてＭＺＤＡＯメンバーのみなさんには改めてお礼がしたいです。ありがとうございました。

ちなみに、その後ほとんどのメンバーのみなさんはカブアンドのプラス会員（特別会員のようなもの）に在籍してくれていて、引き続き同じビジョンを持った同志でいてくれています。感謝です。

老舗のインフラ企業からの期待

カブアンドで扱う６つのサービスはインフラサービスです。もちろんそれぞれの背後に、提携している会社さんがあります。そういう会社さんからも我々のやることに対する期待をひしひしと感じています。

提携しているのは「老舗《しにせ》の企業」さんが多く、普段は面白さや斬新さより、安心安全第一のお仕事をされている方々なので、今回のカブアンドとの取り組みにはみなさん興味しんしんといった感じです。

また、「前澤がやる」ということで、大きな期待（もしかして不安も？）をしていただいている面もあり、創業間もないにもかかわらず、とても良心的な契約を結ばせていただいています。

「え!?　いきなりそんな大量の受注を予測されてるんですか？」とか「いきなりテレビCMもやるんですね！」とつねにびっくりされながらですが、よい関係でお仕事させていただいています。

この場をお借りして、お取引先各社様へも感謝申し上げます。いつもありがとうございます。

ただの代理店ビジネスでレッドオーシャン？

現在展開している6つのサービスについて、「ただの代理店ビジネスで、しかもレッドオーシャンで将来性がない」とする声もあります。

たしかに、代理店ビジネスで競合ひしめく分野ではありますが、私どもカブアンド社と他社との決定的な違いは、「株を配る」ところです。

先ほど、たとえでイオンさんの話をしました。電気代を払うなら支払先の会社の株を持ったほうがお得です。モバイル通信代を払うなら支払先の会社の株を持ったほうがお得です。

なぜなら、あなたの利用や購買によって生まれた利益が、株主であるあなた自身に配当として返ってくる可能性があるからです。

いくら株を持っていない会社のサービスを利用してその会社に貢献しても、その会社の利益はあなたには還元されません。あなたが貢献したことで生まれた利益はあなたの知らない株主のところにいってしまいます。だから株を持ったほうがいいのです。

私どもカブアンド社がやろうとしていることは、真新しい斬新なビジネスというわけではありません。

私どもがやろうとしていることは、資本主義を民主化して、一般の消費者も恩恵を受けられる社会の実現です。

誰もが普段生活費として支出しているお金が、気づいたら株になり投資になり、あなたの消費行動という貢献によって生み出された利益がしっかりとあなた自身に還元される社会です。

そういう意味では、ありきたりなビジネス領域をあえて選び、それらを支える株主構成を、ゼロから構築して、消費者にもっと利益が還元される経済圏を目指しているともいえます。

ZOZOが上場したときも株を配った

株を配りたいという思いは、ＺＯＺＯにいたときからありました。

ＺＯＺＯ社は創業時から外部の資金を入れてこなかったこともあり、ずっと僕が１００％株主でした。

ただ上場するにあたっては、それなりに株式の流動性を高めて「みんなの会社」にしていかなければいけません。

そのとき「じゃあ、どんな人に株主になってもらうのがうちの会社にとっていいんだろう？」と考えて、真っ先に思い浮かんだのが「社員とそのご家族に持ってもらおう」ということでした。

そして、次に考えたのが「お客さまにも株を持ってもらいたい」ということ。

そこで「ＺＯＺＯを名もなき頃から応援してくれていたすべてのお客さまたちに、株を配りたいんだけどどうしたらいい？」と財務部とか管理本部に相談して実現に向けて動きました。

これはあまり有名な話ではないのですが、本当にそのとき、お客さまに株を配りました。ただし、残念ながら僕が希望していたお客さま全員に、とはならず、１５００人ほどのお客さまに株をお配りすることになりました。

株を配るお客さまはランダムに選ばせていただき、封書を郵送で送りご連絡をしました。中にはこんな内容の手紙を入れました。

「前澤です。いつも応援してくれてありがとうございます。おかげさまで上場できました。よかったら会社の魂でもある株をお譲りしますので受け取ってもらえないでしょうか？」

こうして上場直後に、１５００人ほどのお客さまに当時1株9万円ほどの株を無償でプレゼントしたのです。そこから株価はかなり上がり、９万円が５００万円（分割などを考慮後）くらいになったはずです。

今でもその株を持ち続けてくれている人はいるでしょうか。

思い返すと、これが僕の最初のお金配りだともいえますね（笑）。

会社があるのは誰のおかげ？

会社は誰のおかげで成り立っているのかと聞かれたら、僕は間違いなく従業員とお客さまのおかげだと答えます。

でも、一般的には今の問いに対する模範回答は「株主」です。なぜなら、会社は株主のものだからです。

当時から、これには違和感がありました。

特にうちは外部からの資金調達をしていなかったので、「株主のおかげ」みたいな発言をする経営者を見るたびに「なんかダサいな」と思っていました。

そんな思いが根底にあるものだから、僕は「いちばん株主になってもらいたいのは誰か？」と聞かれたら「従業員とその家族、そしてお客さまだ」と断言していました。僕の中ではごくごくあたりまえのことでした。

本来は、選んだ１５００人とかではなく、当時の何十万人といたＺＯＺＯの会員さん、全員に配りたかったんですが、諸事情で配れなかった。その後悔が実はずっと消えずにいます。

そしてその後悔の念を今回のカブアンドで晴らしたい。今度こそはと思っています。

今回も外部からの資金調達はゼロです。今のところ（２０２４年12月３日時点）僕が１００％の株主ですから、最初からお客さま全員に株をお渡しして、一緒になってカブアンド社を大きく育てていきたい。そして願わくば上場させて、さらに株主を増やして、今までになかった新しいタイプの会社にしていきたいんです。

もちろん自分が株をいっぱい持っていたほうが単純に儲かるのですが、僕はみんなで喜び合いたい。「偽善者」と言われるかもしれないけど、それが昔から持っている考え方です。

たとえ自分の持ち分がどんどん減ったって、結局最後にドーンと大きい上場ができたり、企業価値が上がっていけば、持ち分の減少なんて大した話ではありません。些細なことです。誤差です。

自分の持ち分比率をせこせこ気にするのではなくて、もっとデカい夢をみんなで一緒に達成して、みんなでうまみを分け合って、みんなで歓喜できたほうがよっぽど気持ちがいい。

前澤ばかり儲けやがって、ってよく言われますし、今回のカブアンドもうまくいけば僕も大きく儲かります。けど、ぶっちゃけもう、儲かるってこと自体に興味はないんです。変な話、一生生きていけるだけのお金はありますし、お金より大事なことがあります。

これはたとえ話ですが、仲間たちとみんなで船に乗って釣りに出かけたとします。

そして、たまたま運よく僕の釣り竿にマグロがかかって、僕しか釣れなかったとする。そのときに、じゃあそのマグロを独り占めしますか？　って話です。もちろん釣った僕が少し多めに頂くにせよ、みんなでおいしく食べたほうが楽しいですよね。

なんかそれに近い感覚です。

ちなみに個人的に好きで買っているアートもみんなで見られるようにしたいといつも思っています。そういうシェアしたがる思いは、お金持ちになったからってことでもなく、昔から変わっていません。小さい頃から「みんなで」ってやっていました。

たとえば、僕の時代はファミコンとかでしたけど、新しいゲームソフトを買ったらみんな呼んでみんなでやるし、エロ本を見つけたら（当時は少年にとって貴重なものでした〔笑〕）、みんなで回し読みしていたし、とにかく独り占めするタイプではなかったです。

大人になった今は、それがアートやワイン、車やヨットといったものに変わったというだけで、シェアしたがりは昔から変わりません。独り占めして、しかも資産を隠して、みたいなのは僕の性に合いません。株もみんなでシェアして、みんなで楽しく盛り上がりたい、という超単純思考です。

結局、人は1人で生きていけませんからね。

◇

この章では、僕の「株主を増やす作戦」であるカブアンドについて説明してきました。次の章では、そもそも「なぜ株を配ろうと思ったのか?」「なぜお金配りではうまくいかなかったのか?」についてお話しします。

3章

お金配りの功罪

「お金配り」では、困っている人を助けられなかった

冒頭でもお伝えしたように、お金配りは「単なるキャンペーン」のつもりで始めたものでした。

ただそこで聞こえてきた悲痛な声や、苦しい状況を知れば知るほど、何か手伝いたい、何かのお役に立ちたいと思うようになりました。

そんな中で、いろいろな手助けができるような「お金配り」を継続してやりました。そうして20億円、30億円と配り続けたものの、一向に苦しい声は途切れない。

「このままじゃダメだ」と思う中で、宇宙から「最後のお金配り」をしました。

それから3年間沈黙していましたが、みなさんのお手伝いをするために、みなさ

んを資本市場、そしてこの経済社会の主体者に引っ張り上げるための作戦を思いつきました。

それが「カブアンド」です。

どうかみなさん、この「カブアンド」に乗っかって、まずは資本を持ってください。そして、日本の経済にしっかり参加して、みんなで日本を盛り上げていこうじゃないですか。

「お金配り」から「株配り」へ。僕の心情の変化をお話ししたいと思います。

悲痛な現実を見ていなかった自分が嫌になった

お金配りをしていたときは、どんどんつらくなる一方でした。

自分の人生で関わることがなかった人たちの、悲痛な声が、毎日のようにＳＮＳ

を通してリアルに聞こえてきました。見て見ぬ振りができない状況になりました。

シングルマザーやシングルファザー、夢のある人などを応援するため、そんな目的のお金配りを何回かやってみました。そのときは「本当に助かりました」とか「一生忘れません」のような、そんな声に救われもしましたが、少し経つと「僕にもください」「明日借金が返せなかったらもう自殺するしかないです」「一部の人だけにあげてずるいです」などなど、いつまでもそのような声が止《や》むことはありませんでした。

いつのまにかSNSを開くのが怖くなり、もう全部やめてやろうと思っていた時期もあります。それでも無視できずに、恐る恐るSNSに寄せられるメッセージを見てはまた憂鬱になり、それでもまた見てしまい、みたいなことを繰り返していました。

こんなに困っている人がいるのに、俺は何をしているんだ。お金を贈ってなんとなく何かやっている気になっているだけで、根本的には何も変えられてないじゃないか。

「魚をあげるのではなく、釣り方を教えないと」と、まっとうな意見をもらうこともありました。そんなことは自分がいちばんよくわかっています。

「情弱相手に個人情報集めて名簿屋に売ってるんじゃないか」。そんな酷いことを言われることもありました。

この頃、完全に自己嫌悪に陥っていました。

ベーシックインカムの社会実験

僕は一度、ベーシックインカムの社会実験をやったことがあります。

何をやったかというと、そのときは1000万円を1000人に配りました。10億円の私財を提供して大きな社会実験をしたんです。

１００万円をまず１０００人に渡します。

ただしその条件として、もらった１０００人は、必ずやらなければいけないことがあります。それは「1年間かけてアンケートに答える」ということです。「アンケートに答えさえしてくれれば１００万円をお渡ししますよ」と言うとたくさんの応募がありました。

どういうアンケートを取ったのかはサイトで公開しているので、詳細はそこを見てもらうとして、[*6] 簡単に言うと「１００万円をもらう前と後、もしくはもらっている途中で、どう自分の人生が変化したか?」「どんな風に考え方が変わっていったか?」などを聞きました。

アンケートを定期的に毎月1回取ることで、変化を見ていくという実験でした。

この実験には協力者として経済学者の先生たちにもついてもらいました。

*6　https://www.yusakumaezawa.com/

さてどうなったか?

簡単に言うと、突然降って湧いた100万円を手にすると、みなさん「生きるモチベーション」が上がることがわかりました。

そして「100万円を何に使いますか?」と質問すると、みんな前向きなことを言うんです。

「一発逆転、競馬に使うぞ」とか「100万円全額パチンコで増やすぞ」みたいな人は、ほぼいなかった。

たとえば「留学の資金に使いたい」とか「パートナーと結婚します」「これでやっと子どもを作ることができます」といった前向きなものがほとんどでした。他には「勉強します」「免許取ります」「資格取ります」というように、自分のスキルアップなど、よりよく生きていくために使おうという、非常に前向きな結果が出たんです。

しかし「株を持ちたい」とか「投資をしたい」と答えた人はあまりいませんでした。これは、前述したようにおそらく金融知識がないことが原因だと思います。降って湧いた100万円を「投資したほうがいい」と思う人より「貯金しておきます」という人のほうが残念ながら多かった。

仮にベーシックインカムの制度が始まったとしても、資本主義に主体的に参加する投資家は増えないだろうなと、この結果を通して感じました。

お金を配っても解決策にはならない

お金配りをずっと続けてきた結果、つらい人の状況は身にしみてわかりました。でも「その人たちを救うベストな手段はベーシックインカムだ」とは心から思えませんでした。

おそらく月10万円ほどのベーシックインカムが導入されても、一時的な消費に回るだけな気がします。

僕はいつも思うのですが、政府の給付金は本当に意味があるのでしょうか?もちろんそのお金が消費に回って、一時的に救われる人がいたり、企業の所得が増え、それが賃金に反映されるかもしれませんので、給付金の効果そのものを否定するわけではないのですが、根本的に経済を変えうるような施策ではないと思っています。

選挙になると「減税をしよう」と、特に野党の候補者が言い始めますが、それも同様です。一時的な消費はもちろん増えるので、経済へのインパクトはそれなりにあるものの、労働生産性が上がるわけではないし、それによって新しい付加価値が生み出されるわけでもない。「税金が減ってラッキー」くらいにしか思わないはずなので、根本的に国民一人一人の意識が変わるわけでもない。まして所得格差の是正にもまったくつながらない。

それこそ「魚をあげるのではなく、釣り方を教える」ようなことをしないと根本的な解決にはならないのではないでしょうか。

情弱を騙している？

お金配りをやっているとき「本当は何が狙いなんだ？」とか「どうせ何かのマーケティングだろう」などと言われ続けてきました。

「情弱を騙して自分ばかり儲けたいだけだろう」とか言われると、本当に落ち込みます。

たしかに、お金配りをしたことで、お金に困っている人がフォロワーに増えたのは事実です。

ただ、そうした人を騙して何かを得ようなんて考えたことは一度もありません。

むしろ、困っている人がフォロワーに多くなったんだとしたら、それはチャンスだと思いました。自分が何か手伝えるチャンス、何かを提供できるかもしれないチャンス、そのチャンスを活かさなければ、と思いました。

お金持ちにもいろいろなタイプがいるとは思いますが、前述してきた通り、僕は独り占めタイプのお金持ちではありません。めちゃくちゃ奢《おご》りたがるし、シェアしたがります。

みんなをお金持ちにすることはできなくても、少しでもお役に立てないか、何か人生が好転するきっかけを提供することができないか。どうせならそういうことを考え続けるお金持ちに僕はなりたいと思います。

ちなみに「情弱」とか「搾取」とか「詐欺的」とか言ってくる人はだいたい次の2パターンだと分析しています。

・自分が情弱と思われたくない人
・経営者や富裕層で僕に嫉妬する人

前者はわかりやすいです。「俺は情弱なんかじゃないぞ。ＮＩＳＡもやってるし、お金配りみたいなキャンペーンなんか絶対申し込まないぞ」みたいな人です。自分より下の立場の情弱という仮想敵を作り上げて、そことは自分は違うんだ、と自分のポジションを確認するような人です。そういう人は今回のカブアンドについても、大した理解もないまま、頭ごなしに「情弱ビジネス」と断じてしまっている気がします。僕から見ると、もったいないなと思います。もっと柔軟に、固定観念に縛られずに、新しいものを一度はかみ砕いて判断してもいいのになと思ったりします。

次に、僕への嫉妬や妬みから、僕のフォロワーや応援してくれる人すべてをどうしても「情弱」扱いしたい人です。僕のビジネスすべてを「情弱搾取」にあてはめたがる。人のことは気にせず、自分の商売を頑張ってほしいものです。

とにかく、僕は人を騙してまで自分が得をしたいと思うような人間ではありませんので、そういった発言などは本当に控えてほしいなといつも思っています。

ZOZOを辞めた理由

ちなみに、一連のお金配りとZOZOの社長を辞めたことはぜんぜん関係ありません。

ZOZOを辞めたのは、普通に僕よりも他の人がやったほうが業績が伸びそうだなと思ったからです。あとは「ZOZOSUIT」の一連のプロジェクトが思うようにはいかなかった責任を取るためでもあります。

ZOZO社および株主にとってベストな選択をするというだけ。

「自分が社長という立場であり続けたい」という思いは微塵《みじん》もありませんでしたし、僕は地位や名誉には興味がないタイプの人間ですので、そこにはまったく未練がなかったです。

そもそも僕が22歳のときに会社を作った動機は「やべえ、売上伸びてきちゃったから、税金払ったりするためにも法人作らないと」から始まってますので、社長という肩書にはまったく興味がありません。

「将来起業家になるぞ」とか思ったこともないし、経営者の本を読みあさったこともありません。いまだに読んだとしても社長友だちの本くらいです。

もともとバンドをやっていたこともあるし、「まわりを感動させたい」「喜ばせたい」というエンタメ的なことのほうが好きなのかもしれません。

2019年11月13日に、ZOZO社はZホールディングス（旧ヤフー、現LINEヤフー）さんの傘下に入りました。僕はそれに先立つ9月12日に社長の職を

写真：西村尚己/アフロ

辞しました。同日に開かれた緊急記者会見の質疑応答の際、僕は不覚にもある記者さんからの質問に答えている最中に涙がこみ上げ言葉を詰まらせてしまう場面がありました。

また、記者会見の後に行った社員向けの会では、何を話したかも覚えていないくらい感情的になり支離滅裂になってしまい、不甲斐《ふがい》ない思いをしました。

約21年という人生の半分を過ごさせてもらったZOZO、そして人生で大切なことにいろいろと気づかせてくれたZOZOに心から感謝しています。ZOZO社のすべての社員とそのご家族にこの場を借りて感謝申し上げます。そして今後の発展を心から願っています。ありがとう。

「寄付」のプラットフォームを作ったけど、うまくいかなかった

「kifutown（寄付タウン）」というサービスを立ち上げたこともあります。

お金配りをしている途中で「kifutown」のアイデアを思いつきました。お金を持っている人が、お金に困っている人に寄付をするためのプラットフォームです。

お金配りをして困っている人を助けているうちに「きっとこの思いは俺だけのものじゃない」と思いました。「きっと多くの富裕層の人たちも俺のようにお金を配って寄付をしたくてしたくてしょうがないはずだ」と。

困っている人の存在がもっと表面化、顕在化すれば、たくさんの富裕層が寄付をし始めるだろうと思ったのです。

そんな読みで「kifutown」を始めたのですが、寄付する人は僕以外ほぼいませんでした（苦笑）。

ぜんぜん知らない人、何のつながりもない人にただただお金を贈るお人好しなんてそもそもいないいんだなと。

そこから「どうすれば寄付してくれるのかな?」といろいろ考えましたが、結局、何かしらのメリットがないとダメなんだなということに気づいて、途中から「寄付するとフォロワーが増える仕組み」を取り入れました。

すると数十人ではありますが「それだったら100万円出してもいいよ」「俺は1000万円出すよ」と言ってくれる人が出始めました。

フォロワーを増やすのが目的なのか、善意からなのかはわからないけれど、お金を出してくれる人がいて、それで救われる人がいるのであればプラットフォームとしての役割は果たせるだろうと、しばらくは続けていましたが、ほどなくしてサービスは終了させました。あのとき、寄付を申し出てくださった方々には感謝しております。

結局、税金もそうですが、資本主義の世の中では「再分配」しないと成り立たないところがあります。どうしてもお金は資本を持っている人のところに集まるようになっている。だから、税金の仕組みを使って、持っている人からより多く徴税し、持っていない人たちに再分配していく必要がある。

でも、その再分配が追いついていなかったり、適切でなかったりして、困っている人が跡を絶たない状況が続いている。

だから、その再分配を補う機能として、このプラットフォームをつくりました。持っている人が持っていない人に直接お金を贈ることができる。かつ、寄付する側とされる側の素性をある程度わかるようにすることで、寄付する側はやりがいを感じられる。寄付される側は感謝できる。

そういう「気持ちの連鎖」みたいなものを、このプラットフォームで生み出したかったのですが、なかなかその実現には至りませんでした。

「与える側」と「もらう側」ではうまくいかない

お金を配ったり、ベーシックインカムを試みたり、寄付のプラットフォームを作ってみたり……。ありとあらゆることをやってみたけど、うまくいかなかった。

共通しているのは「与える側」と「もらう側」に分かれてしまったらもうダメだということです。

そうではなく「同じ船に乗って、みんなで成長させていく」モデルのほうが、持続性があって大きくなりそうだなと思うようになりました。

そういう考えが「カブアンド」のアイデアにつながっています。

今49歳で、人生の半分を生きてきましたが、今のところの結論はそこです。

再分配されるのをただただ待って「お金ください」っておねだりするのも変だし、一方で、上から目線で「ほら、お金を与えてやるぞ」というのも変。

そうではなくて、困っている人を同じ船に乗せて、みんなで稼ぎにいけばいいのです。

「俺にはこんなアイデアがあるんだ。この船にみんな乗ってくれ。そして大きなものを一緒に探しに行こう！　みんなで！」って。

これって、起業したときに、社長が社員たちに語りかける言葉に似て聞こえますが、カブアンドの場合、これをそのままお客さまに投げかけているようなイメージです。

同じ船に一緒に乗ってもらうこういうやり方が、もしかしたらもっともワークするんじゃないか、もっとも人を幸せにするんじゃないか、というのが今のところの僕の考えです。

お金配りの話にまた戻りますが、「与える側」と「もらう側」という構図になると、与えるほうももらうほうもどんどん傲慢になっていきます。

ツイッターでお金配りをやったときは、当たった人にだけＤＭで僕から当選のお知らせをするようにしていました。

でも悲しいことに100万円をもらった人の中には「再おねだり」をしてくる人がいます。「前澤さんだったらまたくれるんじゃないか」と思ってしまう。

甘えてしまうんですね。

お金配りの「罪」の部分だと感じました。

「与えてもらう」という意識はやっぱりよくない。

与えられていると、どんどん自分のことを「被害者」のように思い始めて、「もっともっと」と傲慢になっていく。お金持ちに対しても「なんでそんなにお金あるのに配らないんだ！」という思考になってしまう。

大切なのはやはり「主体者になる」ということです。

資本主義なんだから、資本を持たないと始まらない。「1株でもいいから資本を持とうよ」ということなんです。

後述しますが、かつては、お金さえなければ、与えるも与えられるもなくなって、しがらみのない世界になるのではないかと「お金のない世界」を妄想していたこともあります。そこから思考はより具体的になり、今はみんなが株を持つ「国民総株主」を目指そうという考えに至りました。

今の資本主義の仕組みをうまくハックしながら、僕が理想とする「資本の極端な偏りのない世界」を作ることに挑戦していくことにしたのです。

「国民総株主」の構想は「お金のない世界」からより具体的になった実現可能性のあるもの。

それは経済成長させましょうという単純な話ではなく、国民一人一人が主体的に資本主義経済に参加して、みんなで日本を盛り上げていきましょう、というワクワクする話なのです。

誰かがやってくれる経済成長を待って、そのおこぼれをもらうのではなく、一人一人の力で経済成長させる。そして、そんな1人に国民全員がなっていこう、という考え方なのです。

まずみんなに「資本家」になってもらう

こうした経緯をふまえると「カブアンド」は「必然」です。

お金を配っても、「もっとくれ」ということになる。「自分が資本家側に回ろう」という発想にはならない。

それならば、カブアンドを立ち上げて、必ず使う電気やガスやモバイル通信などをカブアンドに切り替えるだけで多くの国民に「資本家」になってもらう。そして一気に資本主義の中の主体者になってもらう。

お金配りにはじまり、いろいろとやってきた中で抱いた虚無感や絶望感の果てにあったもの。それがカブアンドだったのです。

先日、堀江貴文さんとユーチューブで対談させていただきました。僕からカブアンドの説明を一通り終えると、堀江さんから「これって俺が20年前に考えていたことに近くて、構想はいろいろあったんだけど、あの当時はできないことといっぱいあったんだよね」とお話しされていました。

堀江さんはライブドア時代に株式分割を繰り返し行い、1株あたりの株価を500円くらいに下げ、それこそ中学生や高校生でも株が買えるようにしたい、と当時おっしゃっていました。

株式投資を民主化するという意味では、手段こそ違えど同じ志だったのかなと感じました。

時代の寵児として数々の伝説を残した希代の経営者でもある堀江さん（先輩です）と、株式投資について同じような課題感や未来を考えていたのだとしたらとても光栄なことです。

◇

次の章では、株主が増えた後の世界、カブアンド後の世界についてお話しします。
このワクワクが少しでもみなさんに伝わりますように。

4章

みんなが「株主」になったらどうなるか？

インベスタマーとは？

アメリカのコンサルティング会社ベイン・アンド・カンパニーが１９９９年に発表したレポートで、「インベスタマー」という言葉が使われました。

これは「インベスター（投資家）」と「カスタマー（顧客）」を組み合わせた造語で、企業から見ると、お客さま兼株主のことです。

そして、このインベスタマーが企業にもたらす利益は、普通の顧客の2倍にあたるとの発表もされています。

この「インベスタマー」という言葉は、その後日本でも著名な方々に使われ始めます。平林典子さんの『お客さまを株主にしてしまおう』（２００４年出版）をはじめ、先ほどもお話しした堀江さんや、レオス・キャピタルワークスの藤野英人さんなどにも使われ、日本でも浸透していきます。

国民総株主になり、一人一人が株を持つようになると、自分が応援していたり、よく利用する会社の株を、まるでアイドルの「推し活」をするように所有するようになるかもしれません。

こうした「インベスタマー」だらけになると、日本の経済も盛り上がり始めるかもしれません。

「ポイント経済圏」の終焉

国民総株主に近づいていくと、「ポイント経済圏」が力を持つ時代が終わるかもしれません。

「ポイント」はたしかに、企業からすると顧客の囲い込みにつながりますので戦略的には優れていました。

自分たちの経済圏からお客さんを脱出させないように囲い込んで、どちらかというと顧客を束縛して逃がさないようにする意味合いを持ったものがポイントだと僕は思っています。

一方で、顧客に株を配って株主として経済圏に参加してもらうことは、企業と顧客がその経済圏を「共に成長させよう」とする、相互利益を願う関係性になります。ポイントとはそもそもの建付けが違います。

ポイントが、企業からの一方的な「束縛」だとすると、株を持ってもらうことは、相互利益を願い合う「結婚」のようなイメージに近いかもしれません。「一緒にいい家庭（経済圏）を築いていきましょう！」という関係性や世界観です。

ポイント経済圏から付与されたポイントは、1ポイント＝1円のままで、その経済圏の主である企業が成長しようがしまいがお客さんには関係ありません。また、お客さんがどれだけその企業に貢献したとしても、ポイント還元率がちょっと上がったりすることはあっても、1ポイントは永遠に1円のままです。なんなら、気づいたときには期限切れ間近だったり、「早く使わないとなくなっちゃいますよ！」と焦らされたりして、また何かを買わなきゃいけなくなったりもします。

焦らされて、束縛されているような気持ちになるのが、ポイントなのかなと思います。

カブアンドは「囲い込んで束縛」ではなく、株を持ってもらうことによって「結婚して一緒にこの家庭（経済圏）を幸せにしていきましょう」という考え方なんです。

「短期売買」ではなく「長期保有」を

株式投資家の中には「デイトレーダー」も存在しています。会社の成長はあまり関係なく、株価の変動を狙って、株の売り買いを繰り返す人たちです。

僕は、正直、そうした行為は投資家の利益にもつながりづらいし、株式マーケットや企業にとってもあまりよいことだとは思えません。

短期的に売買するデイトレーダーよりも、その企業を応援したり、企業の利益が増えることによって配当を期待したり、優待を期待したりするような長期目線の投資家が増えていくといいなと思っています。

この点についても60年前に松下幸之助さんが同じことを言っていましたので、再び引用します。

株主自身の考え方にしても、昨今はいささか投機的な面が強くなってきているように思われる。株価が下がれば買い、上がれば売って儲けるというのが、今日では当然のこととされているようだが、はたしてそれが株主本来のあり方かどうか。

株主というものは、株式会社に出資することによって、国家の産業に参画するという一つの大きな使命があると思うのだが、それが株主にどの程度正しく自覚、認識されているだろうか。

出資した会社から配当を受ける一方で、会社の経営を見守り、時に応じては叱咤激励し、その業容の伸展を楽しみにするというような健全な考え方のもとに株主になるということが、もっと強調されてもよいのではなかろうか。

——松下幸之助「ＰＨＰ」１９６７年11月号より

僕もまったく同意見です。

これからの投資家のあるべき姿というのは「自分が応援したい会社の株を長期で持って、その年ごとに配当を受け取る」「自分がよく買ったり利用したりする会社の株をインベスタマーとして保有して長期的に応援する」。こうしたスタンスが大切だと思っています。

この姿勢や考え方が、「日本経済を代表するような企業と共に、自分もその一員として経済に対して主体的に参加し、日本国民の1人としてその一端を担う」ことにもつながります。

短期的に自分の利益だけを考えるデイトレーダーとは、まったくもって違う考え方ですし、経済全体に与える影響の点でも大きく異なります。

僕の目指す「国民総株主」の世界では、多くの投資家がそうした「推し活型」になってくれるとうれしいなと思っています。そのほうが日本経済にとってもプラスです。

このような「推し活型」で投資をしてもらうためにも、企業側には工夫が必要になります。

「配当や株主優待を積極的に考える」「有意義で参加してよかったと思ってもらえる株主総会を開催する」「経営陣と株主間のコミュニケーションを透明化して円滑化する」などなど、国民総株主が実現された世界では企業側の株主に対する姿勢も大きく変わっていく可能性があります。

株を持っていてよかったと思う人を1人でも多く増やしていくことが、日本の経済にとっても大事なんじゃないかと思います。

ラーメン屋さんで「株」がもらえる世界

カブアンドがうまくいくと、多くの企業が株を顧客に配るようになるでしょう。

いや、なってほしいと切に願います。

そうなると、企業は配当を手厚くしたり、株主優待を充実させたりするはずです。

株主に対して、もっともっと優しくなって、株主総会ももっと盛り上がるようになるでしょう。「株って、長期で持っておいたほうが圧倒的にお得だし、楽しいじゃん！」というムードにどんどんなっていく。

カブアンド社みたいな会社がたくさん出てくると、株を持つことがますますあたりまえになっていきます。みんなが何かを買ったり、サービスを利用したりするときに「株がついてくる」のがあたりまえになります。

今は「ポイントがつかないなら買わないよ」という場面も多いかと思うのですが、同じ現象が株でも起きます。

たとえば、そのへんでラーメンを食べたら「うちは株がつくよ」とか、コンビニで何かを買ったら「アプリに株貯まりますよ」みたいな、そういう時代になっていく。

すると、お客さんと積極的に株でコミュニケーションできない企業は廃れていきます。株を出さないと誰も使ってくれない、買ってくれない、そんな時代になるかもしれない。

2BUY
PRESENT
2点以上の購入で
株もらえる!
株
もらえます
1万円以上
ご購入の
お客様に
株
KABU
プレゼント
#株がもらえるバス

「今どきポイントも出してないの？」というのが「今どき株も出してないの？」という具合になっていく。

こうなってくるといよいよ本当に「国民総株主」の世界が見えてくると思うんです。

国民全員に「プレ証券口座」を

「ビール１杯無料」みたいなノリで株を配ることができたら面白いですよね。

今は、そんなことをしようと思っても、あげるほうも、もらうほうも手段がない。特に、もらうほうは証券口座が必要とか面倒くさいことになる。ここも変えていきたい。

たとえば、そういう店内のポップでもなんでもいいんですが、「株あげますよ」

の横にQRコードがついている。それを読み込んだ瞬間に、自分のアプリのどこかに株がピッと入ってきて勝手に貯まっていく、みたいな。で、売るときだけ証券口座が必要ですよ、みたいな。

株を始める人のハードルのひとつにもなっている証券口座の開設をしなくても、株が受け取れるような仕組みができると面白いなと思っています。

少し余談になりますが、野村総研（野村総合研究所）さんが提唱している「ベーシック・アカウント構想」というものがあります。

これは僕の描く世界に近いなと思っています。

ベーシック・アカウント構想というのは、国主導で国民全員に「プレ証券口座」を渡してしまおうというものです。

実際の証券口座ではなくて、マイナンバーなどと連動したアカウントみたいなものです。最終的には証券口座を作らないといけないのですが、その前に「株をプールしておく場所」を全員に付与してしまおうというもの。

これを活用すれば、企業がマーケティングの一環として株を配ったりできるようになるわけです。

この構想の面白いところは「1株単位」で受け取れることです。「ラーメン食べたら1株もらえる」も、この仕組みが実現すれば可能になるかもしれません。

ただこの仕組みは、まだあくまでも構想段階ということで、特に何かが進んでいるというわけではないそうですが、国民総株主になっていく過程においては必要不可欠になりそうなアイデアです。国を挙げての実現が待たれます。

子どもがお年玉で「株」をもらう世界

証券口座を作らずに、それこそ子どもでも株が持てるようになったら素晴らしいと思います。お年玉が株になるかもしれません。子どもたちが親からお年玉を現金じゃなくて株でもらう。おこづかいも株でもらう。

前にもお話しした通り、日本は金融教育が圧倒的に劣っているし、欠けています。だからこそ、今後は子どものときから金融教育をしていかなければならない。教科書の中だけでなく、実習的に本当に株を子どもたちが受け取れる未来が必要です。「株とはなんなのか」「それがどう値動きするのか」などを、実際に体験させて、楽しみながら株について学んでほしいです。

ちょうどこの本が出る頃になると思いますが、大和証券さんがキッザニア東京に「株式投資が体験できる」パビリオンを出すそうです。素晴らしい取り組みだと思います。

1章でもお話ししたように、親が子どもにミニカーをあげるのではなく、タカラトミーの株をあげて「ミニカーより株で持ってたほうが面白いんじゃない?」「この株の価値が将来上がれば、数年後には5台、10台のミニカーを買えるようになるかもよ」みたいな話をして盛り上がる。

そんな金融教育が進んでいくと、国民総株主の未来も現実的になってくるのではないでしょうか。

VCに頭を下げなくても資金調達できるようになる

国民総株主が実現したら、企業にとっては資金調達がしやすくなります。

今は資金調達をしようとすると、複数のＶＣを回り、調達のお願いをしなければならない。でも、国民総株主になったら、そんなことはしなくてよくなるかもしれません。

カブアンドのように、お客さま兼株主になってくれそうな人々に直接問いかければいい。

商品を買ってもらった人に株を渡してもいい、起業したばかりでプロダクトもなければ夢を語って応援してもらえばいい。

ＥＣＦ（株式投資型クラウドファンディング）なども出てきて、スタートアップへの投資が民主化しつつあります。

カブアンドの登場によって、この流れはどんどん加速していくはずです。

ＶＣにしか頼れないみたいな世界は間違いなく変わっていくと思います。

この際、ついでに言わせてもらいますが、今のスタートアップ界隈の現状は少しおかしい気がしています。

ＶＣがガッとお金を入れて、ワッと上場させて、ＶＣが真っ先に売り抜けて儲ける。それがエコシステムなんだという一定の理解はあるものの、横から見ているとなんだか切ない気持ちになります。

ＶＣの資金源をたどっていくと、結局は大金持ちたちや銀行や大企業がお金を出しています。

そうした資本家が才能ある若手にお金を出して、上場させて、結局資本を出したお金持ちがさらにお金持ちになって潤い続けるという、まさに資本主義を象徴するエコシステム。そこにはいつまで経っても一般の投資家は入っていけません。

先日、有名ＶＣの方が自分の住んでいる豪邸の様子をフェイスブックに友だち限定で上げたことを、そのＶＣの投資先でもある企業の起業家たちが嘆いているという話を耳にしました。

お金持ちたちの中だけでぐるぐるお金が回る世界に対しての不信感が世界中で強

まっているように感じます。

これからの時代、ただ商品がいいとかサービスがいいだけでは消費者に選ばれなくなるかもしれません。

この会社は、「消費者に対して資本を分け与えるつもりがあるのか」「インベスターとして見てくれるのか」「オーナーが株を独り占めしていないか」など、その会社の資本政策や資本構成も、応援するかしないかの判断材料になっていくかもしれません。

そうした意味でも、カブアンドは国民総株主時代のお手本になるような資本戦略を考えていきたいと思います。

「元気玉」を使って、大きな実験ができるようになる

カブアンドは当初6つのサービスを提供しますが、その後もいろんな展開が考えられます。

今は電気やガスなどの生活インフラ系が多いのですが、インベスタマー（お客さま兼株主）が成り立つのであれば、いろんな領域で様々な挑戦ができると思っています。

たとえばスポーツチームをみんなで保有して、みんなで応援するようなこともできるでしょう。みんなでアイドルを育てて、みんなで応援するとか、そういう「推し活」に近いようなこともできそうです。

宇宙とか、ロボットとか、核融合とか、夢みたいな事業にみんなで投資してみるのも楽しそうです。

宇宙ステーションを作って、近い将来簡単に宇宙に行けるようになったら、そこに寝泊まりする権利をみんなで持つとか。

日本を大切に守っていきたいので、国内の無人島だったり大きな土地を買って、そこをみんなのキャンプ場にするとか。

いろいろと夢は広がります。

これらはもちろん多くのインベスタマーがいてこそできることですし、株主でもあるインベスタマーの賛成と協力さえあれば、なんでもできると言っても過言ではありません。

仮に何百万人ものインベスタマーがいれば、1人に100円のカンパをお願いするだけで、大抵の大きなチャレンジができてしまいます。


もちろん営利事業を営みながら利益を拡大させ、株主価値を最大化させていくことも重要ですが、せっかく集まったインベスタマーのみなさんと、社会的に意義のあることや、夢のある取り組みに、『ドラゴンボール』の「元気玉」のように力を結集させて、世の中にインパクトのあることをしていきたいと思います。

これからの「資本家」像

株主が増えていくと、今までの資本家や経営者のあり方も変わっていくと思います。

まず、自分たちだけで独占しようとする資本家たちは居心地が悪くなっていくはずです。

「インベスタマーが主役になる」時代となり、国民一人一人が株主としての自覚を持ち始めると、既得権益が強大だったり、すでに資本を独占気味にしているファミリー継承企業なんかは商売がしづらくなる可能性があります。インベスタマーを引き連れた新しい企業群が、今まで寡占されていた領域やサービスに進出してきて、そのシェアを塗り替えていく可能性があります。

これからの資本家像は、独占ではなくシェアです。シェアすればするほどうまくいく時代になります。見せかけのシェアではなく、資本をシェアする。

一人一人の株主を軽視するような企業は、国民総株主時代では生き残っていけなくなるでしょう。

これからの「経営者」像

国民総株主になる世界では、経営者には「共感力」や「巻き込み力」が必要になります。

政治家やインフルエンサー、アーティストが持っているような「感情に訴えかけるパワー」です。

もしかしたらアーティストとかクリエイター、インフルエンサーが次世代の経営者として活躍しまくる時代になるかもしれません。

持ち前の共感力や巻き込み力でインベスタマーを集めて、一緒になって何かを作り上げていく。そういう人たちはもしかしたら、いわゆる経営は苦手かもしれませんが、そこに「スーパーCEO」的な助っ人がいれば問題ありません。

たとえばテイラー・スウィフトが会社を作ったら、最初の時点でどのくらいのインベスタマーが集まるでしょうか。

彼女が「一緒にこれをやろうよ！」「イノベーションを起こそうよ！」と言った瞬間、ワーッて盛り上がって、ワンコインが集まって、ものすごい資金が生まれそうです。

そこに「スーパーCEO」や「スーパーCFO」みたいな助っ人がジョインして、組織化されていく。それこそ小国を超えるような規模感になるかもしれない。

これはアーティストやインフルエンサーにとってもチャンスの時代ではないかと思うのです。

みんなが資本主義社会の主体者になる

「インベスタマー」は、商品やサービスだけではない、企業のもっと深い部分を知ろうとします。

「今の経営者は誰か？　その人はシェア志向なのか？」「現在インベスタマー比率はどのくらいか？」「今後どのように成長していくのか？」

日経平均株価や、経済のニュースなどはもちろん、今まで気にしたことのなかった企業のそうした情報に目がいくようになり、それらに納得したうえで、商品を買ったり、サービスを利用したりするようになります。

これが何度もお伝えしている、資本主義社会の中で、日本経済の一端を担いながら、主体者として生きる姿です。

多くのみなさんにこの主体者としての実感を持ってほしい。自分の選択が明日の日本経済の一端を担っている感覚。

「自分は搾取されている」とか「支配されている」とか被害者意識を持つのではなく、主体者として生きてほしい。

そのためにも、みなさんが資本家になるきっかけをカブアンドで作っていきたいと思います。

日本の大切な会社は日本人で守りたい

日本を代表するような会社は日本人が守っていくべきです。

株式マーケットは自由な市場です。日本を代表する企業の株は誰でも買えるわけです。だからといって、資本力にものをいわせた海外の大資本に好き放題やられるのはなんだか悔しく思います。

では、どうしたらよいのか。

僕たち日本人が株を所有すればいい。しかも長期目線でです。

もちろんそうした企業は配当をしっかり出していることも多いでしょう。貯蓄している資金がもしあるのならば、その一部でもそうした企業の株の購入に回し、配当を受け取りながら応援していくのはどうでしょうか。

国民総株主になった日本では、日本にとって大切な会社が日本人株主によって守られ応援されるような社会になることを期待しています。

移民に頼ることはいいことか？

経済成長を維持するうえで、移民に頼るという選択肢も議論されています。

僕は日本が好きです。日本の文化は素晴らしいと思っています。

たとえば、海外のどこかの国に行くことを想像してみてください。

その国に着いて、あらゆる標識やお店の看板などが日本語や中国語など多言語で書かれていたら、僕にはどうしても観光客向けに見えてしまって、その国らしさを感じることができないかもしれない。

たとえば京都が英語だらけ、中国語だらけになったら、景観としても、アイデンティティーとしてもどうなんだろうと思ってしまいます。

オーバーツーリズムで、観光地の人手不足が問題になっていますが、果たして京都で外国人労働者からサービスを受けることを訪日旅行者がどう評価するか。京都らしさ、日本らしさを求めてきた人を興ざめさせてしまわないか心配です。

業種業態によっては一時的に海外の労働力に頼らざるを得ないことは理解できます。ただ、永住権を付与してまで長期的に海外の労働力に頼り続けるのかどうかは、今後日本をどういう国にするかというグランドデザインありきで検討すべきだと思います。

人手が足りないから海外の人にとりあえずお願いしよう、という短期的な目線では、日本古来のものや、アイデンティティーが失われてしまいそうで、僕は慎重に考えたほうがよいのでは？　と思う派です。

そもそもＧＤＰを成長させ続けなければならないという幻想自体も、このタイミングで考え直してもよいのでは？　と思っています。その点については後述します。

「日本らしさ」が価値

僕はアートが好きなので、「その国固有の伝統や文化的価値」みたいなものがなくなってしまうことに危機感を抱いています。

「らしさ」がなくなったら、もうみんな「どんぐりの背比べ」になってしまう。

「らしさがない」＝「価値がない」ともいえます。

今は「日本らしさとはなんなのか？」ということについて、日本国民全員が考えるべきフェーズに来ていると思います。「日本らしさ」の価値にみなさんそれぞれが気づいて、それをもっと高い価値、そして固有のものに昇華させていく。

その作業が日本の国力の底上げにつながると思います。

海外のセレブが今日本に来ているのも、日本が「日本らしい」からです。

だから僕は、日本人が無理して英語なんて話さなくてもいいと思っています。外国の人に英語で道を聞かれたら、日本語で答えたっていいくらい。だってここは日本ですから。それに今は自動翻訳機とかなんでもあるわけで、どうにでもなります。

日本の看板や日本の景観も、外国仕様にする必要はまったくないと思います。ドーンと日本語があったほうがビジュアルとしてもアートとしてもカッコいい。

フランスに行ってお店に入ったら、いまだにフランス語しか通じなかったり、フランス語のメニューしかなかったりします。そこに日本語のメニューがあったらなんか嫌です。観光客目当てで、おいしくなさそうに感じてしまいます。

日本は日本らしくありたいです。付加価値とはまさにそういうことなんだと思います。

では、僕が思う「日本らしさ」とはなんなのか。そのひとつに日本人の協調性や利他の精神があげられると思っています。

「自分さえよければそれでよい」ではなく、みんなによいことが自分にとってもよい、と普通に思える人が多いのが日本人の特徴であり、他国に誇れるところだと思っています。

そして、この特徴は「国民総株主」の世界にフィットする気がしています。

誰か1人だけが大儲けするのではなく、みんなで株を持とう。「自分さえよければそれでよい」ではなく、みんなでよくなろう。日本の大切な会社はみんなで大切に守ろう。

世界でもっとも株式投資家比率が高い国「日本」を目指したい。

「国民総株主」の世界では、日本人らしさが大いに発揮され、それが国力につながっていくかもしれません。

「GDPを上げ続けなければいけない」という強迫観念

そもそもこれからどんどん人口が減っていく中、「GDPを上げ続けなければいけない」という強迫観念自体どうなのかな、と僕は思っています。

「1人あたりのGDP」が上がっているのであれば、必ずしも全体が上がっている必要はないのではないか。仮に上がっていなかったとしても、一人一人の幸福度はもしかしたら上がっているのではないか、と。

GDPがマイナス成長すると国力が落ちるのでは？　というのはひとつの懸念だ

とは思います。

でも、その国力の低下とやらが一人一人の生活にどういう影響を与えるのか、それによってみなさんが不幸になるのか、不便になって生活しづらくなるのか。なんとなくそんな風には思えません。「GDPは絶対上げ続けなければならない」という強迫観念に、国全体が疲弊しているように感じるのは僕だけでしょうか。

オリコン順位を気にするミュージシャンはダサい

「GDPを上げ続けなきゃ」というのは、国際競争の中では重要なのかもしれません。でも、日本の中で見たときに、本当にそれって大事なことなのでしょうか?

よくあるのが「日本は今、世界で何位だから弱い」みたいな話です。「ドイツに抜かれた」「インドに抜かれる」と言って大騒ぎしがちです。

でも他国と比べる必要がどこにあるのか。僕たちの幸せとは関係ないと思うんです。

「じゃあ、10位だったら不幸で、5位だったら幸せで、2位とかだったら超幸せなの?」って話です。そんなのただの数字でしかありません。

むしろ大事なのは「世界中の人が来たくなるような国かどうか」「素晴らしい人がいるかどうか」「生活が洗練されていて無駄がなく品がよいか」、なにより「国として他国から尊敬されるかどうか」な気がします。

「日本人って素敵。めっちゃ仕事できるし優しい。センスもいい。国民みんなが株式投資してるみたい。街並みも素敵だし、ご飯も超うまいよね」みたいな。

世界の国々を数字で評価して物差しで比べるようなデータに一喜一憂しては、本質を見誤ると思います。


世界の中で順位がどんどん落ちてるよ、って言われても「だからどうしたの?」と思うんです。

音楽でいうと、ずっとオリコンの順位を気にしているミュージシャンなんて「ダサッ」てなりますよね。

そうじゃなくて「俺らは俺らの音楽でいいんだよ。ライブやったら、わざわざみんな日本まで観に来るんだぜ」みたいなスタンスでいいと思います。

ＧＤＰのランキングなんて、オリコンランキングみたいなもの。オリコンランキングの上から順に、音楽の素晴らしさが決まるわけじゃない。

そんなことよりいい音楽を作ることに集中したほうがいい。独自路線をひたすら突き進んだほうがいいと思うんです。

ヨーロッパの人たちって、そういう順位とかあんまり気にしていないように見えます。それぞれの国が、それぞれの個性とか文化を持っていて、それに国民が自信や誇りを持っている。そして、他国と比べるでもなく、むしろお互いのことに敬意と関心を持っている。サッカーのランキングは気にしても、ＧＤＰとかでお互いを比較し合っている雰囲気はあまり感じません。

投資立国になる可能性

今後日本は「投資立国」になる可能性があります。

国内の資源や労働力には限りがありますので、国民総株主になり投資感度の上がった日本人が対外投資にも積極的になるかもしれません。

日本は高度経済成長期を駆け抜けバブルまで経験しました。そして、今は人口減少や高齢化による労働力不足で経済の衰退期を迎えつつあります。ようは、酸いも甘いも噛み分ける経験豊富な国であることもひとつの強みです。

そんな立場から世界を眺めたときに、将来有望な国や海外の企業に投資が向いていってもおかしくありません。

日本人は日本の大切な会社の株を持って守るべきだと前述しましたが、守るためにも、資産をほどよく分散し、これから有望な国や海外の企業への投資も行い、そこから生じる対外金融所得を国内で循環させていくことも必要です。

国民総株主となり、国民一人一人の投資感度を上げていくことは、投資立国としての日本の強さにも直接つながる大切なことだと思います。

◇

この章では「カブアンド後の世界」ということで、「国民総株主」の世界に近づいていくとどんなことが起きるのかを考えてきました。

最終章では、僕の人生のテーマである「世界平和」についてお話ししたいと思います。

世界平和と国民総株主……つながらないように思えるかもしれませんが、僕の中では完全につながっています。それがどういうことなのか、お話しします。

5章

僕は「世界平和」を実現させたい

9・11がきっかけになった

僕の心の根底には「世界をよくしたい」という気持ちがあります。

言ってみれば「世界平和」が僕の人生のテーマ。

なんとか自分が死ぬ前までには世界が平和になる糸口が見つかってほしい。「あぁ、世界はこれから平和になっていくんだな……」そう思いながら安心して死んでいきたい。

逆に言うと、僕が死ぬ頃になっても戦争がどこかで起きていたり、子どもたちが飢えに苦しんでいたり、そんな状況だったとしたら死んでも死にきれない。「世界はよくなっていきそうだな」とか「すべての人が食うに困らない世界になりそうだな」とか、そんなことを確認してから僕はゆったりと死んでいきたいと思っているんです。

いつからそう思い始めたかというと、きっかけは２００１年9月11日。

アメリカで起きた同時多発テロです。


僕はそのとき25歳。めちゃくちゃ多感な時期でした。

当時、僕が何をやっていたかというと「会社の経営者」という顔と「ミュージシャン」という顔を持ち、二足のわらじで活動していました。

どちらもすごくうまくいっていました。


ただ、当時は「これから人生をどうしようか？　会社経営者としてこのまま突き進んでいくのか？　ミュージシャンの道を突き詰めようか？」と、いろいろ迷っていました。

けっこう複雑な時期でした。

そんな折に同時多発テロが起きました。

自分の人生のまさに転機となりました。

「9・11みたいな悲劇は二度とこの世界で繰り返されてはならない」と、そのとき強く思いました。


日本は敗戦国で、原爆を落とされた国です。

国民としてはそういうトラウマを抱えています。

でも僕自身が戦争のときに生きていたわけじゃない。

リアルな感覚はどうしても乏しかった。


でも、9・11は、テレビを通してですが、まるで戦争に見えた。しかも何度か行ったことのあるニューヨークで。すごく衝撃的だったし、一生忘れることのない出

写真:AP/アフロ

来事になりました。

テロのすぐ後に当時のブッシュ米大統領は「アメリカはやり返す」と堂々と宣言し、それに全米が沸きました。僕はそれを見ながらとても悲しい気持ちになりました。目には目を、歯には歯を。子どもの喧嘩のように、大の大人が下した判断が、本当に正しいことなのかどうかがわからなくなりました。正義とはなんなのか、真実はどこにあるのか、平和とは。20代だった自分にはあまりにも大きく、立ちすくむばかりでなにもできない無力さを感じました。しばらくすんなりとは受け止められずに、いろいろなことを考えていました。

その頃、自分は何をしていたのかというと、経営者とバンドマンを両立しながら、なんとなくフワフワッとした気持ちで毎日を過ごしていた。もちろん一生懸命ではあったけど、なんとなく。特にどちらにも大きなビジョンも野望もなく、なんとなく。

なんかなーと思っていました。

会社経営に専念しよう

でも、９・11の同時多発テロをきっかけに、そんな状況にケジメをつけることにしました。

「もっと俺は社会に対して何か行動を起こして、二度とあんな凄惨なことが起きない世の中にするために、小さな力かもしれないけど、何かしたい。何か変えたい」

そう考えました。

そこで二足のわらじで中途半端だった状況を、会社経営に専念することでスッキリさせました。バンドのほうはメジャーデビューもしていたので、やや思い残すところもありましたが、そう決めてからは一気にことを進めていきました。

会社経営に専念といっても、利益至上主義になるのではなく、会社を通して世の中のためになることができないかという視点で経営を考えるようになりました。

それまでは「会社って、なんとなく利益が出ていて、なんとなく従業員がいて、なんとなく楽しくやれればいい」くらいに思っていたところもありました。

正直な話、「経費とかも使えて、そこそこいい車にも乗れて、ラッキー」くらいに考えていた時期もあります。ごめんなさい。

だけど、9・11をきっかけに「社会における会社の役割とはなんだ?」「会社はいったいなんのため、誰のためにあるのか?」みたいなことを考えるようになったのです。

そこに従業員がいる。お客さんがいる。利益が生まれる。税金を払う。

この会社という存在は、社会にとってどういう意味があるのか。突き詰めて考えるようになりました。

そこから会社はさらにグングン伸びていきます。

バンドもやめて、会社に専念して、気持ちも入れ替えました。

社会の公器たる会社にしよう。もっともっと会社を成長させて、世の中の役に立ちたい。そう思うようになった瞬間から業績もどんどん伸びていきました。ほどなくして「上場しよう。もっと多くのステークホルダーを巻き込んで、もっともっと大きなムーブメントにしていこう」と思うようになります。

同時多発テロを目《ま》の当たりにしたときに思った「世界平和」という自分のテーマに対して、会社を通して向き合えないか？　そう考えるようになったんです。

反戦Tシャツ

その頃から急に社員に対しても「うちの会社は世界平和を実現するためにあるん

だ」と語り始めました。
最初はみんなキョトンとしていました。「突然社長どうしたの?」って。けど、何度も何度も語りかけました。時には感情的になって涙ながらに語りかけたこともあります。

「みんながやっている作業はいろいろある。段ボール箱に洋服を入れて配送したり、入荷した洋服の採寸をしたり。マーケティング活動をする人もいるし、経理を処理する人もいる。いろんな人がうちの会社に、それこそ何百人といる。でも、俺らの共通の目標は、世界平和のために何かしらの行動をすることだ。世界平和を目指しながら発信したり、何かしら社会のお役に立つことだ。そのためにこの会社はある」と。

社是も作りました。ミッションやバリューなども明文化しました。
「世界中をカッコよく、世界中に笑顔を。」という理念ができたのもこの頃です。

いろんなインタビューでも「世界平和、世界平和」と言うようになりました。変なやつだと思われていたかもしれませんが、もちろん本気ですし、恥ずかしげもなく堂々と言ってました。

９・11同時多発テロが起きた結果、ブッシュ米大統領は「ふざけるな、やり返すぞ！」と言ってイラクに侵攻するわけです。でも結局、大量破壊兵器なんてなかった。

その頃、僕たちは、ＺＯＺＯで「反戦Ｔシャツ」を作ります。「NO WAR ON IRAQ」と書かれた反戦Ｔシャツを作って、それをＺＯＺＯＴＯＷＮで売ったんです。

当時のお客さまは「なんだ、前澤さん、急に反戦Ｔシャツなんて売り出したぞ」と驚いていました。結局、そのＴシャツは、２万１５１７枚も売れ、その売り上げを、イラクで困っている一般市民を助けるＮＰＯに全額寄付しました。

2011年3月11日の東日本大震災のときも同じようにTシャツを作って売り上げを全額寄付しました。僕がZOZOを辞めた後ですが、ウクライナにロシアが侵攻したときも反戦Tシャツを売って寄付していました。

何か起きるたびに、ZOZOは困っている人たちのために積極的に活動をしてきました。

「世界で起きる悲しい事件のために何かできることはないか?」

即座に情報収集をして、それをアクションにつなげ、ボランティア的な活動に転換する。

ZOZOはそういう会社になっていったんです。

戦争の原因は「資本」である

「なぜ戦争が起きるのか?」を突き詰めて考えていた時期があります。

戦争が起こる原因には諸説あります。民族の問題だったり、宗教の問題だったり、それぞれ根深い問題をはらんでいる。

でもいずれにせよ、いちばん大きな原因は「資本」が絡んでいることだと気づいたんです。資源だったり土地だったり、いろいろな資本がありますが、結局はお金なんだって。

だとすると、そもそも「お金」ってなんなんだろうという話になってきます。「お金ってどうやって生まれたんだ?」「お金を生み出した人って誰なんだ?」と。

そうやって調べていくうちに、お金にまつわる最大の発明は「利子」であることがわかってきました。

お金が刷られて市場に流通するときに、それは必ず利子がついた借金になること。

そして、借りた人はその借金を利子つきで返さなければならないというメカニズムが、この資本主義を猛烈に成長させてきたこと。その中で、借金をする人と、お金を貸し出す人のあいだで、どんどんと格差が広がったこと。

この「利子の功罪」について説明するときによく使われるたとえ話があります。

世界が10人の村だったら、と想像してください。

10人の村人はそれぞれに役割があります。魚を釣る人、野菜を育てる人、家を建てる人、服を作る人。それぞれが得意なことをして、それぞれが作ったモノやサービスを交換し合いながら、バランスよく幸せに暮らしていました。

そんな村にある日、銀行家が訪れます。

「君たちのしていることは、物々交換といって、とても効率の悪い古い方法だ。」

「私は銀行家で、『お金』というものを作っている。」

「このお金を君たちに貸してあげるので、物々交換はやめて、このお金を使って取引をするといい。」

「さっそく君たちにお金を貸すが、ひとつ条件がある。」

「まず、1人に10万円ずつ貸すことにしよう。返済期限は1年後だ。そして返済のときに、お金を貸してあげた謝礼として、君たちは私に利子をつけて返さなければならない。利子は10％の1万円としよう。」

「つまり、10万円を貸すので、1年後に利子つきの11万円を返してもらう。」

「よいかな？　それでは、また1年後に会いましょう。」


お金を持った村人たちはさっそくお金を使った取引を始めます。

物々交換では、腐ってしまうような魚や野菜は、とれたそのときしか他のものと交換できなかったのが、とりあえずお金と交換しておけば、そのお金でいつでも他のものと交換できるのでとても便利になりました。

今までは、アジと大根とか、マグロと牛肉とか、何と何を交換できるかの基準が曖昧だったのが、アジは○○円、マグロは○○円と明確になり、村人たちも安心して取引ができるようになりました。

こうして村人たちはお金を取引に使うことで、物々交換のときより、スムーズに公平に取引することができるようになり、お金を貸してくれた銀行家に感謝するようになります。

そして、あの銀行家が来てからもうすぐ1年が経とうとしています。

「そろそろ銀行家さんがまたやってくる。約束通り11万円を返さないとな。」

「銀行家さんのおかげで村にも活気が出てなによりだ。11万円といわず、12万円返してもいいくらい感謝してる。」

人の好い村人たちは、借りたお金にしっかり利子をつけて返そうと、銀行家が再びやってくる日に向けて準備を始めます。

「1、2、3、4、5、6、7、8、おっと今手元にあるのは8万円か。3万円足りないから、漁にでも出るか！」

「僕は手元に6万円しかない。やばいやばい、急いで野菜育てて誰かに売らないと。」

約半数の村人たちは11万円未満しか持っていません。

算数ができればわかることです。

銀行家がこの村に残していったのは、1人10万円×10人ですので、全部で100万円です。

11万円持っている人が5人いたとすると、残りの5人は平均9万円しか持っていないことになります。

11万円未満の村人たちは焦り始めます。

漁に出た漁師は、食べきれなくて腐らせてしまうことがわかっていながら、大量の魚を釣り上げます。

畑に出た農家は、健康にあまりよくないことを知っていながら、大量の農薬を使い、野菜を強引に育てます。

家を建てる人は、大量に木を伐採し、必要以上に大きな家を建てます。

だって、お金を返さないといけないから。しかも、利子をつけて。

そうして1年が経ち、銀行家が再びやってきました。

「みなさん、お久しぶりです。さっそくですが、11万円を返してもらおうじゃないですか。」

「あれ？　まさか返せない人がいるんですか？」

返せる村人たちは、返せない村人たちを気まずそうに見ながら遠慮がちに返します。

返せない村人たちは、銀行家と目も合わせられずにうつむいています。

勝ち組と負け組が生まれてしまいました。

お金によって持っている人と持っていない人に優劣のようなものがついてしまいました。

同時に、漁師が無理をしたせいで、それ以降不漁が続きました。農薬まみれの野菜を食べた人に健康被害が出ました。大事な森の木々が伐採されてしまいました。

そして、村全体が殺伐とし、昔のような和気あいあいとしたほっこりとした雰囲気はなくなってしまいました。

たとえ話が長くなりましたが、これが「利子の功罪」です。

資本主義の醜い一面です。

利子は、人々に返済というプレッシャーを与え、彼らを強引に生産活動に向かわせました。

必要な分を作るのではなく、借金を返すための生産です。

つねに成長を続けなければ返せないという負のループに陥りました。

必要以上に資源を消費し、必要以上に環境に負荷を与えて、作りまくって、捨てまくってきました。

それによって生産のスピードは圧倒的に上がりました。

もちろん経済も急成長しました。

一方、資源が枯渇し始めました。
環境汚染が始まりました。
人々が勝ち組と負け組とに分断されました。
お金の多い・少ないが、人や国の優劣であるかのようにランク付けされました。

そして、人々や国々がお互いのものを奪い合うようになりました。

これらを理解したとき、すべてが腑《ふ》に落ちたというか、なるほどと膝を打つ感覚になりました。

同時に、このお金地獄の世の中から抜け出さないと、人々は一生奴隷のようにお金に支配され続けるだけなのかもしれないと思いました。

「お金の奴隷にならないように生きるためには、お金というシステムに依存しない生き方をしなければいけない」と考えるようになります。

「お金なんてなくたっていいじゃん」という生き方をしないと、ずっとお金に支配されたままで、本当の幸せはつかめないのではないかと。

そして、国と国の争いもこのまま一生なくならないんじゃないかと。そういうところまで考えました。

そこで至ったひとつの答えが「お金のない世界」です。

お金のない世界

「お金が世界中から消えたらどうなるか？」

みなさんは想像したことがあるでしょうか。

そのときの僕の結論は「お金が世界中から消えても、意外とみんな今やっている仕事をやめないし、暮らしも変わらない。むしろ、もっと豊かになるんじゃないか」というものでした。

世界中のみなさんがお金がなくなる前までやっていた仕事は、今日もすればいいのです。今日もどこかで誰かが同じように生産を続ければ、人々が必要なモノやサービスは作られ、提供され続けますので、誰も困りません。

お金がなくなった世界では、すべてのモノやサービスが無料になります。そのへんのスーパーに行ったら、好きなだけ好きなものをタダで持ち帰れます。

さらに、お金がなくなった世界では、働いても働いても給料は出ません。一銭ももらえません。すべての仕事がボランティアみたいになります。けど、それでいいのです。

それから、お金のなくなった世界では、金融業界が必要なくなります。銀行・保険・証券など、お金を動かしたり、貸し付けたり、補償したりする仕事が必要なくなります。そうした業界で働いていた人たちの労働力が他の分野で活かされることになりますので、今よりもっと便利で豊かな世界になっていくかもしれません。

この話をすると、必ずひとつの質問が出ます。

「すべてのものが無料になるんだったら、誰も働かなくなりますよね?」と。

果たして、そうでしょうか。


答えを出す前に想像してください。

お金のない世界で、人々の欲求がどう変化するか。


おそらく根源的な欲求は変わらないはずです。食べたり、飲んだり、寝たり、愛し合ったり。そうした生理的欲求が満たされると、次は、人に認められたい、人に必要とされたい、モテたい、子孫を残したい、人を喜ばせたい、人を幸せにしたい。そうした欲求になっていきます。これらの欲求はお金のある世界と大して変わらないでしょう。

だとすると、たとえばお金のない世界では、どんな人が人々に必要とされるのか。

どんな人がモテるのか。

きっと「生産力のある人」だったり「人の役に立とうとする人」などが必要とされ、尊敬されることになると思います。

つまり、お金のない世界になっても、人は人に認められるため、モテるために、働きます。お金がなくて給料がなくても働きます。

働かない人は、誰からも尊敬されず、誰からも認められず、とても生きづらい思いをすることになります。

たとえば、友だち同士でキャンプに出かけたと想像してください。みんながテントを張ったり、洗い物をしたり、ＢＢＱの準備をしたりする中、１人だけ何もせずにふんぞり返って寝ていたら、その人は次回からキャンプには呼ばれなくなりますよね。そもそも友だち関係も解消かもしれません。

お金のない世界でも同じようなことが起きるんだと思います。人は１人では生きていけない動物です。コミュニティの中での役割を見つけながら、他者と共存していくのが人間の性《さが》。

お金のない世界でもきっとみんな働くんだと思います。

また、ぜいたく品はどうなるのか？　というのも興味をそそられる面白い思考実験です。

たとえば、お金のない世界でも、フェラーリに乗って銀座を爆音出しながら走ることが本当にカッコよく尊敬されることなのか。

フェラーリも当然タダになるわけですから、誰でも買えるわけです。誰でも手に入ることを知っていながら、わざわざ燃費が悪く音もうるさいフェラーリをどれだけの人が選んで乗りたいのか、いささか疑問です。

自分で自分の首を絞めるような話を書いていてつらくなってきましたので、ここらでやめておきますが、仕事の本質や、人生の意味を考え直すよいきっかけにもなると思いますので、みなさんもぜひお金のない世界を妄想してみることをおすすめします。

お金のない世界の実現方法

妄想してみたものの、いったいそんな世界をどうやって実現するのか。G7みたいな先進国の中央銀行総裁が集まる国際会議で提案したりすればいいのか。とりあえず総理にでも提案してみるのがよいのか。

ある日、映画プロデューサーの川村元気さんに「世界からお金が消えた日」みたいな映画作りませんか、って話を持ちかけたら、「そんな世界まったく想像できないので、前澤さんが脚本書いてみてください」と言われました。そりゃそうです。

また、自分で本でも出版して、無料でばらまいたりして、まずはお金のない世界をみなさんに想像してもらって、共感者を増やしてから、徐々に進めていこうと考えていたときもありました。

まあいろいろと考えてはみたものの、ちょっと自分的にはキャパオーバーになっちゃって、そのときは脳みそがパンクしてしまいました。

普通に、フィクションだとしても、お金のない世界を想像したり、表現することはとても楽しいことですので、また改めて何かの機会で、このテーマには向き合ってみたいと思っています。

やっぱ映画作りたいなー。

資本主義を動かす黒幕とは?

先日、大統領選に勝利したトランプ次期米大統領が、選挙戦の中で「ディープステートを解体する」という公約を掲げていました。

都市伝説や陰謀論などが好きなみなさんであればなじみのある言葉だとは思いますが、知らない方のために少し説明させていただくと、「ディープステート」とは、ざっくりいうと既得権益者のような人たちを指しているものと思われます。

資本主義社会における権力者、経済や政治をコントロールできる支配者のような人たちや組織のことをまとめて「ディープステート」というようです。

これらを解体するというトランプ次期大統領の狙いなどは、まだ僕も理解しきれていませんが、少なくともこの発言で「ディープステート」という言葉が公に広く知れ渡ることになりました。

資本主義が一部の人によって支配され、コントロールされているという類の話になると必ずこの「ディープステート」が出てきます。

その実態や詳細があやふやなまま、まるで秘密組織のように扱われることで、いろいろな憶測を呼んだりするのですが、僕が思う「ディープステート」とは、シンプルに「大資本家」です。

既得権益者だけでなく、それ相応の資本を持った人たちです。たくさんの会社の株式を所有し、たくさんの国のたくさんの土地を所有している大資本家です。中には、数百年の歴史を持つような大財閥もあれば、一代で財を成しその仲間入りを果たした新興系の資本家もいるでしょう。

そうした大資本家たちが世界の富を牛耳っているという話は事実です。牛耳っているというと聞こえが悪いので言い直すと、結果として富がそうした資本家に偏在しています。そして、富だけでなく、場合によってはそうした富を背景にした「政治的な力」を持つ人もいます。

黒幕と聞くとなんだか怪しいものを想像してしまいますが、単純に大資本家というだけです。

さて、こうした大資本家は日ごろ何を考え、世界の現状にどのような課題を持ち、何をしているのでしょうか。

僕は過去に、いわゆる大資本家と呼ばれるロックフェラー家やロスチャイルド家の人たちと会ったり、ご挨拶をさせていただいたことがあります。見た感じも話した感じも非常に穏やかで品もよく、明らかに育ちのよさと教養を感じさせる佇《たたず》まいには思わず引き込まれるものがありました。

そうした人たちの多くが、文化・芸術を支援するパトロン活動をしていたり、気候変動による環境問題に取り組んでいたり、恵まれない子どもたちの教育支援をしていたり、「黒幕」という響きとはかけ離れた素晴らしい慈善活動を積極的に行っています。

生まれた瞬間から、莫大な資産を持ち、それらを継承しながら世界のために何ができるのかを日々考えていれば、自然とこうした活動に行き着くのでしょうね。

僕たちの中で勝手に作り上げた「黒幕像」のようなものが独り歩きし、いつのまにかそうした人たちを悪い人、怪しい人に仕立て上げてしまっているのかもしれません。

少なくとも僕がお会いした大資本家は、彼らが「ディープステート」といわれる人たちなのかは僕にも確証はありませんが、みなさん素敵な人たちでした。

政治と経済はどっちが偉い？

みなさん、よく勘違いされるのですが、世界を動かしているのは政治ではなく経済です。

人々の生活を豊かにしたり便利にしたりするのは企業の役目です。そして、政治はそうした企業のサポートをしています。

企業の活動を支援するために法律を整えたり、企業のイノベーションを加速させるために助成金を拠出したり、企業間の公正な競争を促すためにルールを策定したりと、企業が経済活動をスムーズに行うために様々な調整をするのが政治の役割です。

再びトランプ次期米大統領の話に戻りますが、今回の選挙戦でトランプ氏側の支援者として名乗りを上げたのがテスラやスペースX社のCEOイーロン・マスク氏でした。あの構図こそがまさに、経済が政治を動かしている典型例で、あれほど露骨でわかりやすい絵もなかなか珍しいのではないでしょうか。

ところで、僕たちが現状に不満を覚えるとき、まず最初に政治を疑ったりしますが、実はその原因が経済にあったりはしないでしょうか。

給与が低いのは政治のせいでしょうか。ＧＡＦＡＭなどに経済の覇権を握られてしまっているのは政治のせいでしょうか。

何かを変えたいのなら経済を動かしていかなければなりません。政治に過度な期待をしないようにしたいものです。

経済を動かすために必要なこと

それでは、自分たちの暮らしに関わる経済をどう動かしていけるのか。

これが本書でもっとも伝えたいことでもあり、あなたの今後の暮らしはもちろん、あなたの子や孫の世代、日本の未来にも関係する大事な話ですので、最後にもう一度はっきりと言わせてください。

「株を持って資本家になってください」

「そして、この資本主義経済に主体的に参加してください」

一部の大資本家に任せっぱなしではダメです。牧場で放牧されている家畜のようになってはダメです。広い牧場だと思っていても、しばらくすると必ずどこかで柵にぶちあたり、それ以上進めないと知ることになります。飼いならされてはダメです。そのほうが楽だと思ってしまってもダメです。

僕たちは、一人一人に個性があり、自分らしく自由に生きる権利があります。
ただし、この社会には仕組みがあります。資本主義という経済の仕組みです。

その仕組みの中で、選択できる生き方は2つです。

主体的に生きるのか。
それとも支配されたまま生きるのか。

もうあなたのお考えは決まっていることと思います。

おわりに

かのマルクスは、『資本論』において、資本家による労働者からの搾取を痛烈に批判しました。労働者階級が資本主義を打倒し、革命を起こすべきだと主張しました。

僕の記憶や理解が正しければ、マルクスから「労働者は資本を持て」「みんな資本家になれ」といったような提言はなかったように思います。

そもそも資本を持つ手段がなかったのか、労働者階級が資本を持つこと自体が許されていなかったのか、詳しくはわかりませんが、もしマルクスが現代に生きていたら今日の資本主義についてどのように感じるのでしょうか。

本書を書き終えて今感じていることは、この資本主義社会の中で、資本主義にやや洗脳され、やや甘やかされつつも、そこから脱出したいと願う潜在的な欲求と、

1人ではなく多くの他者とならば、脱出とまではいかなくとも、どこかに存在していそうな、資本主義のその先にある楽園のような世界にたどり着けるのではないかという期待です。

カブアンドというサービスが、何をどこまで変えられるのかはわかりません。何もかもはできなくとも、「株を持つ＝資本を持つ」ということについては広く多くのみなさんに体験していただける気はしています。

資本を持って、主体的に経済に参加する。
他人事《ひとごと》ではなく、自分事として経済に参加する。

1人でも多くのみなさんが、この醜くも美しい資本主義の社会を、資本家として闊歩《かっぽ》する姿を楽しみにしています。

国民総株主を夢みて。

2024年12月3日

前澤友作

謝辞

本書の企画が始まったのは、２０２４年10月31日です。発売になったのが12月25日ですので、なんとたった55日間での超スピード出版になったわけです。

さらに、前代未聞。おまけで株がついてくると。

この短期間での出版ですら奇跡の業なのに、そこに株がもらえる仕掛けまで実装する超絶偉業。

これらの実現にあたっては、幻冬舎様の箕輪さんはじめ、関係者の皆さまの多大なるサポートに大変救われました。この場を借りて感謝申し上げます。

また、ビジネス書にもかかわらず「初版10万部」のありがたみ。感謝してもしきれません。

なにより本書を手に取ってくださったすべての皆さまへ、改めてこの場を借りて感謝申し上げます。本当にありがとうございます。

デザイン協力　トサカデザイン
編集　箕輪厚介　山口奈緒子（幻冬舎）
編集協力　株式会社ＷＯＲＤＳ（竹村俊助　豊福未波　菅野広太郎
豊﨑　花　野宮すず　中村　彩　名淵結乃）

著者紹介

株式会社カブ&ピース代表取締役社長

前澤友作（まえざわ・ゆうさく）

1975年、千葉県生まれ。98年、スタートトゥデイ（現・ZOZO）を設立。2004年にファッション通販サイト「ZOZOTOWN」を開設。07年に東証マザーズ、12年に東証一部に上場し、17年8月には時価総額1兆円を突破。19年、ヤフーとの資本業務提携を発表し、ZOZOの代表を退任。その後は前澤ファンドを設立しさまざまな事業に出資するとともに、公益財団法人 現代芸術振興財団を通して、文化・芸術の普及にも寄与。21年12月には日本の民間人として初めて国際宇宙ステーションに渡航・滞在した。24年2月カブ&ピースを設立。「国民総株主」の実現に向け、多くの国民が資本主義社会に主体的に参加できるようにすることを目指す。

国民総株主

2024年12月25日 第1刷発行

著者 前澤友作
発行人 見城 徹
編集者 箕輪厚介 山口奈緒子
発行所 株式会社 幻冬舎
〒151-0051 東京都渋谷区千駄ヶ谷4-9-7
電話 03（5411）6211［編集］
03（5411）6222［営業］
公式HP https://www.gentosha.co.jp/

印刷・製本所 中央精版印刷株式会社

検印廃止

Printed in Japan ISBN978-4-344-04391-6 C0095

この本に関するご意見・ご感想は、
下記アンケートフォームからお寄せください。
https://www.gentosha.co.jp/e/